AF433980

FLORIS I BLANCAFLOR

Traducció
Enric Peres i Sunyer

Col·lecció TASTETS de POESIA NARRATIVA, 5

Text establert a partir del MS. A, París BNF, fr. 375 i:

Floire et Blancheflor
Texte établi par Jean-Luc Leclanche
Paris, Champion, 1980
Transcription électronique : Base de français médiéval,
http://txm.bfm-corpus.org
Sous la responsabilité de : Céline Guillot-Barbance, Alexei Lavrentiev et
Serge Heiden
bfm[at]ens-lyon.fr
Identifiant du texte : floire
Comment citer ce texte : *Floire et Blancheflor,* édité par Jean-Luc Leclan-
che, Paris,
Champion, 1980.
Publié en ligne par l'ENS de Lyon dans la Base de français médiéval,
dernière révision le 1-6-2013,
http://catalog.bfm-corpus.org/ floire

Títol original: Floire et Blancheflor
Traducció: Enric Peres i Sunyer
Maquetació i dibuix de la portada:

ISBN: 978-84-09-60728-0

Dipòsit Legal: : GI 541-2024

Editat per: Peres i Sunyer, Enric
PORTBOU
Edició 2024 ID: 5

INTRODUCCIÓ

Presentem un nou relat medieval que pertany a l'apartat de les narracions amoroses amb distància, pels motius que mouen l'acció dels personatges i la situació espaial de separació entre els amants, com per exemple el clàssic *Píram i Tisbe, Aucassi i Nicoleta, Clarissa i Florent, ...Curial i Güelfa,* etc.

La seva datació ve fixada aproximadament per l'any 1150. Està escrita en llengua d'oil, concretament el francès picard, amb certes connexions normandes.

Partim de tres manuscrits complets i un fragmentari: l'A: París, BNF. fr. 375; el B: París, BNF, fr. 1447 i el C: París, fr. 12562, per ordre plenari de més a menys. I el V: Vaticà, palat. lat. 1971, amb només 1247 versos front dels 3348 del ms. A. Tots ells còdexs efectuats el segle XIII.

La Història amorosa de Floris i Blancaflor, la seva amiga d'ençà l'estudi de Jean-Luc Lebranche (1980) va passar a anomenar-se *El Conte de Floris i Blancaflor,* per diferenciar-la de *El Relat de Floris i Blancaflor,* degut a dues versions de la mateixa història, però clarament diferenciades per l'esperit:

El Conte, dit també "versió aristocràtica" (terme encunyat per Edelestand Du Meril (1856), perquè *La Història* pren un caràcter sentimental, realista, curialesc (d'aquí l'adjectivació) i, sobretot pacífic; on els conflictes es ressolen per l'enginy, la màgia o la saviesa.

Altrament *El Relat* (Roman) especifica la narració de la versió dita "popular", on el tema amorós es manté, però les resolucions dels conflictes són a través d'accions bèl·liques, apropant-se a un relat èpic convencional, i que significativament es troba en un sol manuscrit, el BNF. fr. 19152.

Nosaltres, malgrat saber això, considerarem el seu nom

més genèric de Floris *i Blancaflor* i ens centrarem en presentar aquí la versió *Conte*, "aristocràtica", "*pacífica*".

La seva difusió fou considerable. En nosaltres i, com una de les mencions més antigues, apareix esmentada en l'*Ensenhament* de Guerau de Cabrera del segle XII. La segueix la traducció a la cort del rei de Noruega Hákon Hákonson, pels volts de l'any 1220, convertida en saga "*Flóres saga de Blankiflúr*, després una traducció sueca adaptada del danès. A Anglaterra una traducció en vers de finals del s. XIII "*Floris and Blauncheflur*, una altra en flamenc (1270) de Diederic van Assenede; en alemany la del trobador Konrad Fleck, de principis del XIII i, finalment versions en prosa basades en la versió "popular" (Relat – Roman) que, entre les més destacades trobem la castellana del s. XIII, "*Crónica de Floris y Blancaflor* Ms. BN. Madrid 7583: així com una de grega i una italiana.

Mètricament està escrita en la composició habitual narrativa medieval d'octava rima, és a dir apariats de vuit síl·labes més l'àzig, el vers final de cloenda total. Com un tret hàbil podríem destacar l'ús d'un encavalcament incipient en mètrica de certa suficiència compositiva que afecta, no tan sols a la rima sinó al missatge concret, en ser compartit, enlloc de partit, entre dos o més versos; cosa que confegeix un sentit evident de conjunt narratiu. La novetat rau d'utilitzar-ne tant d'imperceptibles com d'abruptes, desajustant algunes vegades la sintaxi i, sobretot, el final dels versos. Per altre costat la rima, en general, no és molt rica.

Sobre l'autor a qui, el trobador medieval alemany Konrad Fleck, anomena Rupreht von Orbent, en la seva adaptació de l'any 1220 però feta amb 8006 versos, la tradició literària francesa ha adaptat aquest nom pel de Robert d'Orbigny, acceptant la fiabilitat de l'adaptador alemany, per la coneixença contemporània de l'original. No se n'ha esbrinat, a través de cap document, cap dada biogràfica, l'únic que en podem deduir és a través de la seva obra. Per la llengua emprada, les grafies, els girs, es considera de Tours; en això es basen els actuals lingüistes per reafirmar la transformació del nom.

No poden aportar referents històrics documentals que ho avalin, i tot i així es fixa una datació de la seva vivència pels volts de l'any 1150 a més, per les fonts que sobreïxen de l'obra se li atribueixen coneixements preeminents, la qual cosa fa que se'l consideri un clergue, com a càrrec idoni exclusivament per adquirir-los, en aquella època.

Però, malgrat aquest bagatge i, emplaçar-lo dins del període de Lluís VII i Elionor d'Aquitània (1122 a 1204) el nostre autor no figura en cap dels seus documents.

Per tant hem de centrar-nos en seguir-ne les traces estilístiques que inclou al seu relat.

Podem destacar-hi coneixements de temes com:

La coneixença de la temàtica incestuosa del rei de Tir, que apareix al text llatí del s. IX i X del *Llibre d'Apoloni*; la pressuposició del loci amoens, prototip del lloc ideal medieval, extret de la *Gènesi*; certes coincidències argumentals, tant d'Ovidi com de Virgili; sobretot d'aquest últim en la història de Dido de Tir; coneixement del setge de Troia (tal vegada del *Roman de Troie*?) i, sens dubte d'Homer, per tota l'argumentació llegendària al voltant implicant Paris, Helena, Enees per l'esment del procés argumental en el fragment de la descripció de la luxosa copa o dels jutges infernals (v. 1027); evidències del *Roman de Tebes* pels esments d'Ismene, Leda, Antígona, Hipomedó, Partenopea que apareixen al seu relat conjuntament; nocions del *Roman de Tebes*, pel nom de Dares (el sagaç burot); dels *Set Dorments d'Efes* atribuïda a sant Martí del s. IX *(pel nom de Floris);* però, en general, l'esquema narratiu té moltes similituds amb el relat de *Neema i Noam* (de *Les Mil i Una Nit*), l'accés europeu de la qual vàrem tractar als *Set Savis de Roma* (*Poesia Narrativa Exemplaritzant Catalana* 2019)

També aporta un referent literari d'una obra que no ens ha pervingut: *El Lai d'Orfeu*, que canta "un home en descans", en una imatge creada pel mag (potser hauríem de dir hipnotitzador) Barbarí (v. 855 – 860), que resulta importantíssima per denotar-ne l'existència, quan només n'hi ha una altra referència, indirecta, en un poema medieval anglès.

O bé en tots l'enfilall de peculiaritats que podem extreure de la seva obra:

Des de coneixements històrics contemporanis: les vicissituds dels pelegrins a Sant Jaume de Galícia atacats per ràtzies musulmanes, ciutats i comarques musulmanes (que és el que són) les cores, quan parla de la de la de Labla (v. 121); el camí vers orient, Babilònia, passant pel port de Baudàs (v. 1398), l'especificació d'enclavar-hi el riu Èufrates; l'elogi del perfum del món oriental per les espècies (v. 2037 a 2040); els punts geogràfics emprats com a referències comparatives: Tessàlia (v. 40), La Pulla (v. 1832)

Sapiències naturals i farmacològiques com l'esment de la mandràgora (v. 242); o d'enginyeria: els detalls constructius de la

Torre de les Dolceses, les estructures i canalitzacions d'aigua sorprenents, per l'època (v. 1857 al 1863), les fantàstiques construccions mecàniques d'autòmats impulsades pel vent (v. 567-594, 1991-2007); en general, obres tecnològiques que l'autor s'esplaia en descriure'ns abastament (que ens recorden molt les descrites en la nostra *Cinc caires de Carlemany*, 2024, referint-nos a l'obra *Pelegrinatge de Carlemany a Jerusalem i Constantinoble* i no tan sols els artefactes curiosos de la torre de l'harem, sinó també la detallada descripció minuciosa de la tomba buida de Blancaflor,que denota un coneixement, per no dir apassionament, tècnic, sumat a la sovintejada capacitat de meravellar-se estèticament de les obres d'art que descriu.

Sabers històrics desplegats amb tot un seguit de referents, esmentant noms diversos: Des de Berta, mare de Carlemany, i citant l'obra basada en la seva llegenda *Berta dels grans peus*. Lligant els seus protagonistes a ser-ne avantpassats; pares de Berta, concretament. Altres noms com Ilié, rei de Núbia (v. 2806); els ja esmentats més amunt sobre la temàtica incestuosa del rei de Tir, etc, o l'expedició grega a Troia precisant-ne alguns dels seus protagonistes.

En aquest darrer punt no podem estar-nos de remarcar la desmesura i el menysteniment per tots els personatges femenins que realment actuen però que aquí representen sols motius escenogràfics dins l'obra: des de Blancaflor, que poca rèplica dóna al seu amant Floris, qui francament acapara tota l'acció, a la mare d'aquest, la reina, merament consellera del seu marit, de la qui no en sabem el nom, així com la mare de Blancaflor que apareix al principi i al final sense esmentar-la pel nom; llevat del de la dona de Dares, el burot enginyós, que sí en sabem el seu: Licoris (v. 1683 i v. 3311); o de Glòria, la companya de captiveri de Blancaflor que podríem dir té un paper més actiu (modest) dins la trama en concret en el moment de la seva resolució.

Aquest mutisme no el podem compensar pas en el mateix sentit que fa amb d'altres personatges masculins, dels qui també desconeixem llurs noms: per exemple: de torsimany, hàbil negociant, proporcionat pel pare de Floris, l'ús del qual és poc utilitzat en moments que la trama s'ho mereix; també dels dos primers hostatgers o, desgraciadament, com passa amb el burot jugador d'escacs que cobra més importància que altres més decoratius i passa com anònim.

Front d'això l'autor atorga més importància a "personatges"

simbòlics amb els quals arriba fins i tot a fer debatre situacions amb el seu heroi: és el cas d'Amor, la figura del qual, en algunes ocasions, es comporta com un personatge incitant l'heroi a l'actuació; des de quan comença a fer-se evident (v. 373, 782, 1100, 1106), i a intervenir (v. 1631-1654; 1712-1718); però no tan sols empeny l'heroi principal, sinó també l'emir, el seu enemic,(v. 2665), per tant no és en va incloure'l com un personatge més de la trama; si el concepte apareix més de cinquanta-dues vegades! Un altre personatge simbòlic important és la Mort amb qui debat Floris amb afany de suïcidar-se (v. 747-786), a la que arriba a insultar i tot (v. 748).

L'obra es fonamenta, específicament, en el realisme, però hi trobem un parell de casos on la fantasia treu el cap, amb el clar propòsit de ser un dessllorigador de la trama: la primera ocasió és la vinguda del mag, del qui en sabem el nom, Barbarí, que desbarra a palau fent trucs entre la cúria palatina, a tort i a dret, fins que el propi rei, que l'havia requerit, n'atura els desvaris màgics. Hem de dir que aquest fragment, que hem separat en un apartat (entre claudators [ ]), és considerat com una superposició de l'escrivent que va transcriure l'obra original; en efecte, molts estudiosos així ho consideren, perquè el seu paper grinyola en l'argumentació concreta del moment precís on apareix. Nosaltres li trobem una certa coherència i per això l'hem inclòs, sense separar-la del text, com fan altres edicions, perquè la trobem fonamentada com a teràpia a la follia momentània del protagonista, que no veu sortida a la seva soledat, en haver estat separat de la seva estimada. Així, més aviat es pot veure com una picada d'ullet a tota la trama circumdant d'aquell episodi en aquest aspecte.

Un altre aspecte màgic que no és qüestionat, com l'anterior, pels entesos és el de l'anell màgic, proporcionat per la reina, mare de Floris. Aquesta joia sembla tenir la facultat d'escampar al seu voltant una mena d'empatia i una poderosa compassió, envers el seu portador originari, fins al punt d'incidir, amb extenuació en el mot "pietat" de l'apartat final repetit fins la sacietat en el: v. 2962, 2963, 2975, 2985, 3033...) Això fins aconseguir la misericòrdia popular, capaç de commoure la ira reial inamovible de l'emir.

Davant d'aquests aspectes més fantàstics hem de posar en evidència valors molt reals que l'obra posa en valor: l'elogi a l'hospitalitat; majorment als hostalers que acullen l'expedició de l'heroi, que es bolquen en una amabilitat fora de sèrie, no produint cap conflicte, tret de donar tanta tranquil·litat als seus hostes que Floris en descobreix, inconscientment, els seus sentiments més íntims, la qual cosa obra la lògica rèplica d'un pagament amb sinceritat i de no amagar els seus propòsits.

Un altre valor que posa en superioritat l'obra és la importància de l'estudi, potser preludi del pacifisme per amor que observarem després. En la nostra font, el Ms. A, fr. 375, no se n'esmenta les assignatures que amb plaer devoren els protagonistes, simplement que donen preeminència a les que remarquen l'amor més evident, potser la literatura (cartes), la història, etc; el cert és que el nostre text es diferencia de la versió anomenada "popular" o "el Relat", que descriu els coneixements explícits bèl·lics que afronta Floris, especialment, per com, ja hem apuntat, la diferencia d'ambdues versions recau en la forma bèl·lica en la resolució dels conflictes argumentals. A més, l'estudi és utilitzat pels amants per crear un aïllament social, establint una complicitat de parlament entre ells que ningú més té accés, a través de "llatinar" (v. 270, 743 -746)

En definitiva, sincerament, a més no podem deixar d'anyalar que la nostra obra desplega certs aspectes sorprenents, per l'època quan fou confegida: la idealització de la llibertat amorosa juvenil, fins i tot amb un clar enfrontament amb l'autoritat paterna, que culmina amb una crua acusació, plena de despit envers els progenitors, malgrat la seva mort, com a repressors de la volença; com ja s'apuntava cara a cara entre tots els implicats (v. 988; 1063 – 1230), que desdibuixa una impertorbable voluntat de no perdonar, a la cloenda de l'obra (v. 3255 – 3280)

Possiblement aquest despit de l'heroi expliqui la seva transformació odiosa en un tirà (reminiscències del seu propi pare al principi de l'obra, amb la matança de pelegrins a Galícia) que obliga a cristianitzar-se la població rasa de la seva terra oriünda, enfront de la permissibilitat que manifesta en el mateix intent, amb les classes altes del seu poble, i que realment taca i embruta la figura que ens ha guanyat l'afecte al llarg de tota l'obra. La crueltat ens recorda molt els actes dels pagans en contra dels cristians preeminents però també, al seu torn, els actes dels francs cristianitzats, enfront dels pagans dels seus llocs conquerits. Francament és una llàstima endur-nos aquest mal gust de boca a la fi d'una obra que ens resultava interessantíssima, pel fet de l'alliberament religiós que tota l'estona respira; això potser ens pot fer pensar que realment la cloenda de l'obra és una superposició externa, just al final del relat de Robert d'Orbigny, l'autor original.

Resta exposar la justificació del nostre procediment en la

traducció. Hem seguit tota l'obra del Ms. A i no hem volgut obviar els apartats que alguns estudiosos fan espuris a l'autoria general (com hem apuntat més amunt) Després remarcar que hem realitzat alguns canvis significatius en alguns noms, el de més importància, Glòria, la companya de Blancaflor a l'harem de l'emir, que originalment és esmentada com a Gloris. La justificació del canvi la fem perquè si bé l'original és una terminació molt recurrent en francès, en la nostra llengua sona forçada si apareix molts cops, com aquí passa en llocs o en personatges: com són Floris, Montoris (el lloc d'estudi) o Licoris (que sí hem conservat) Després, com és natural, hem normalitzat a la nostra llengua la terminologia, els punts geogràfics, personatges històrics que, coherentment al sistema aplicat, fa molt més propera i nostrada la narració, que de fet és del que es tracta.

EPS.-

FLORIS I BLANCAFLOR

de

Ruoprecht von Orbênt
(Robert d'Orbigny)

FLORIS I BLANCAFLOR
De Robert d'Orbigny (Ruoprecht Von Orbent)
Any 1150. Versió aristocràtica.

Senyors, escolteu, dels amants
qui d'amors sofreixen dolors tants
igual cavallers com donzelles
donzells aquells o dames elles!
5 Sentiu-me el relat si voleu
hi aprendreu d'amor sens preu
aquell del rei Floris infant
i Blancaflor, la seva amant,
mare de Berta dels Grans Peus,
10 qui casada a França, amb grans feus,
Berta fou mare de Carlemany
i tingué França i el Maine d'antany.
A Floris, el seu amic que us dic,
l'engendrà un rei pagà molt ric;
15 quant Blancaflor, que ell tant estimà
va néixer d'un comte cristià.
Sí, Floris, nascut pagà, ai jo,
doncs de cristià Blancaflor.
Vegis batejat, que no triga
20 Floris per Blancaflor, l'amiga;
nascuts eren el mateix dia
d'igual nit engendrats la cria;
i en cristianitzar-se Floris
rebria honors i territoris,
25 car seria el nou rei d'Hongria
a més de tota Barbaria,
puix un oncle mort, sense hereu,
li daria d'Hongria el feu.
De fill Floris de la germana
30 en rebria tants honors com mana;
però no avancem tant les coses
ja us en parlaré sense noses.

Signor, oiiés, tot li amant,
cil qui d'amors se vont penant,
li chevalier et les puceles,
li damoisel, les damoiseles !
 Se mon conte volés entendre,
molt i porrés d'amors aprendre :
çou est du roi Flore l'enfant
et de Blanceflor le vaillant,
de cui Berte as grans piés fu nee ;
 puis fu en France mariee.
Berte fu mere Charlemaine,
qui puis tint France et tot le Maine.
Flores ses amis que vos di
uns rois paiiens l'engenuï,
 et Blanceflor que tant ama
uns cuens crestiiens l'engenra.
Flores fut tos nés de paiiens
et Blanceflors de crestiiens.
Bautisier se fist en sa vie
 Flores por Blanceflor s'amie,
car en un biau jor furent né
et en une nuit engenré.
Puis que Flores fu crestiiens,
li avint grans honors et biens,
 car puis fu rois de Hongerie
et de trestoute Bougerie.
Uns siens oncles fu mors sans oirs,
qui de Hongerie estoit rois ;
Flores fu fix de sa serour,
 por çou fu sires de l'onour.
Or sivrai mon proposement,
si parlerai avenanment.

En una cambra entrà l'uixer
un divendres, dinats potser,
35 a parlar, diria amb les dames
congriades per belles trames;
també allí hi havia un gran llit
amb un luxós tàlem guarnit
brodat amb una lluent dàlia,
40 no se'n troba igual a Tessàlia,
i d'altres esplèndides flors
a una estora, invitant al repòs,
es va asseure per escoltar
dues dames parlar més clar;
45 va ser que eren dues germanes
tot discutint d'amors amb ganes;
les dues, sense perdre terreny,
tenien gran bellesa i seny;
la més gran d'una amor ufana
50 li detallava a sa seva germana
que implicava uns dos germans,
ja feia dos-cents anys llunyans;
segons un clergue havia dit,
després de llegir-ho escrit.
55 Ella va començar altrament,
 jo ho dic més sincerament.

Havia eixit un rei d'Espanya
amb cavallers seus de campanya;
la seva nau costerejant
60 arribà a Galícia gran.
Es deia Fèlix, i com pagà
que estava en un mar cristià,
per tal de guanyar un bon botí,
cremava viles sense fi.
65 Tot un mes i quinze dies
lluny del país, fent correries,
no hi havia dia que els seus
no el fessin més ric en manlleus;

En une cambre entrai l'autrier,
un venredi aprés mangier,
 por deporter as damoiseles
dont en la cambre avoit de beles.
En cele cambre un lit avoit
qui de paile aornés estoit.
Molt par ert boins et ciers li pailes,
 ainc ne vint miudres de Tessaile.
Li pailes ert ovrés a flors,
d'indes tires bendes et ours.
Illoec m'assis por escouter
.II. dames que j'oï parler.
 Eles estoient .II. serours ;
ensamble parloient d'amors.
Les dames erent de parage,
cascune estoit et bele et sage.
L'aisnee d'une amor parloit
 a sa seror, que molt amoit,
qui fu ja entre .II. enfans,
bien avoit passé .II. cens ans,
mais uns boins clers li avoit dit,
qui l'avoit leü en escrit.
 Ele commence avenanment.
Or oiiés son commencement.

Uns rois estoit issus d'Espaigne ;
de chevaliers ot grant compaigne.
O sa nef ot la mer passee,
 en Galisse fu arivee.
Felis ot non, si fu paiiens,
mer ot passé sor crestiiens
por el païs la proie prendre
et les viles livrer a cendre.
 Un mois entier et .XV. dis
sejorna li rois u païs ;
ne fu nus jors k'o sa maisnie
ne fust li rois en chevaucie.

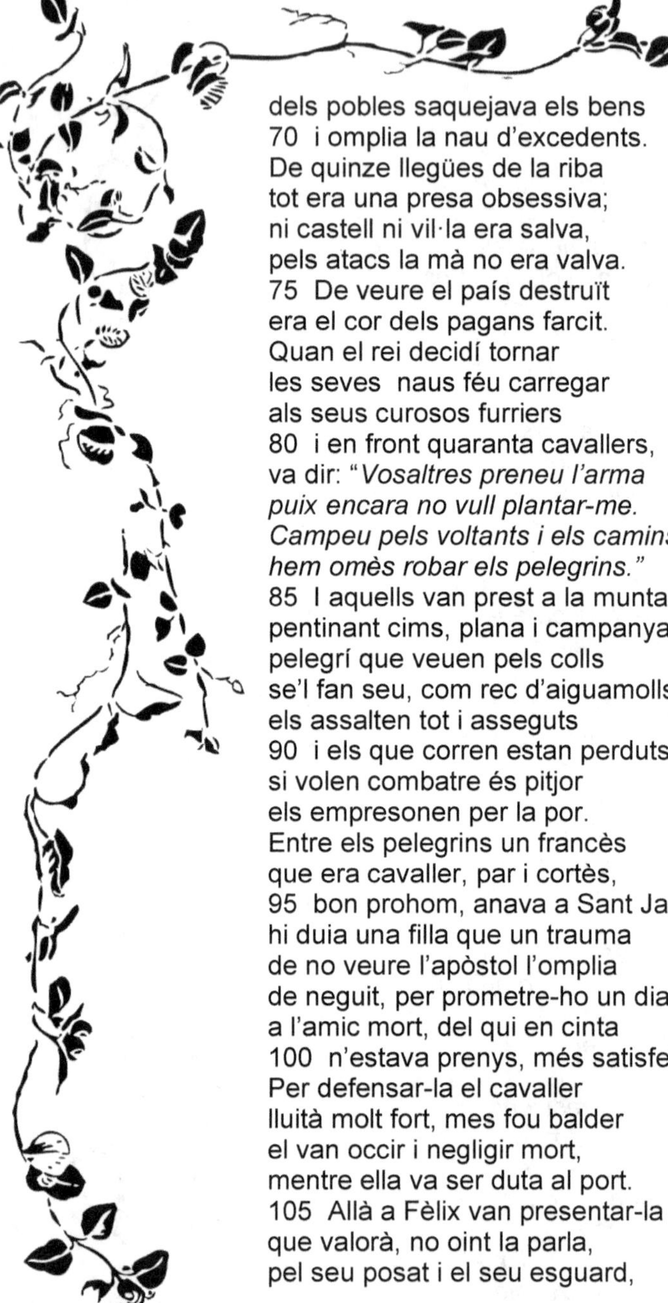

dels pobles saquejava els bens
70 i omplia la nau d'excedents.
De quinze llegües de la riba
tot era una presa obsessiva;
ni castell ni vil·la era salva,
pels atacs la mà no era valva.
75 De veure el país destruït
era el cor dels pagans farcit.
Quan el rei decidí tornar
les seves naus féu carregar
als seus curosos furriers
80 i en front quaranta cavallers,
va dir: "*Vosaltres preneu l'arma*
puix encara no vull plantar-me.
Campeu pels voltants i els camins;
hem omès robar els pelegrins."
85 I aquells van prest a la muntanya
pentinant cims, plana i campanya;
pelegrí que veuen pels colls
se'l fan seu, com rec d'aiguamolls,
els assalten tot i asseguts
90 i els que corren estan perduts;
si volen combatre és pitjor
els empresonen per la por.
Entre els pelegrins un francès
que era cavaller, par i cortès,
95 bon prohom, anava a Sant Jaume
hi duia una filla que un trauma
de no veure l'apòstol l'omplia
de neguit, per prometre-ho un dia
a l'amic mort, del qui en cinta
100 n'estava prenys, més satisfeta.
Per defensar-la el cavaller
lluità molt fort, mes fou balder
el van occir i negligir mort,
mentre ella va ser duta al port.
105 Allà a Fèlix van presentar-la
que valorà, no oint la parla,
pel seu posat i el seu esguard,

Viles reuboit, avoirs praoit
 et a ses nés tot conduisoit.
De .XV. liues el rivache
ne remest ainc ne bués ne vace,
ne castel ne vile en estant ;
vilains n'i va son boef querant.
 Es vos le païs tout destruit,
paiien en ont joie et deduit.
Donc s'en vaut li rois repairier.
Ses nés commanda a cargier,
et apele de ses fouriers
 dusqu'a .XL. cevaliers :
« Esranmant, fait il, vos armés !
Nos cargerons sans vos assés.
Alés lassus en ces chemins
gaitier por reuber pelerins. »
 Et cil en vont en la montaigne,
gardent aval parmi la plaigne,
pelerins voient qui montoient
la montaigne que il gardoient.
Il lor vont seure, ses assalent,
 et li pelerin se defalent
de combatre tot li plusor,
lor avoir tendent por paour.
En la compaigne ot un François,
chevalier et preu et courtois,
 qui au baron saint Jake aloit ;
une soie fille i menoit
qui a l'apostle s'ert vouee
ains qu'ele issist de sa contree,
por son ami qui mors estoit,
 de cui remese ençainte estoit.
Li chevaliers le vaut deffendre.
De lui ne caut a aus vif prendre,
ains l'ocïent, sel laissent mort
et sa fille mainent au port.
 Au roi Felis l'ont presentee
et il l'a forment esgardee.
Bien aperçoit a son visage

que era d'un paratge a part,
i es va dir: *Per la reina meva*
110 serà un present que em darà treva."

Sols pregà en veure's embarcada
i el mar per primera vegada,
tant punt va endinsar-s'hi la nau
carregat ja l'últim esclau.
115 Però hi van tenir molt bon vent
per singlar favorablement
i no van gastar ni dos dies
en arribar al país sens guies.
Tant bon punt arribats a port
120 el rei va rebre un nou report
de Labla, la cora formosa;
pregava una tornada airosa
perquè l'esperaven rabent
i anés endavant amb fort vent.
125 Una avançada els féu encontre,
joia a favor privà la contra
i prompte es van trobar entre amics,
i el seu país dels més bonics.
Un cop el rei a la ciutat
130 convocà el consell aviat,
posposat des de la seva marxa,
per dret cortès, que ho duu en xarxa;
a la reina també li va oferir
la donzella esclava i botí.
135 La reina la prengué amb tendresa,
tot guardar-la en sa cambra presa;
de llei s'hi podia negar
però la preferí guardar
pel servei, jugar i parlar prou,
140 tot aprenent francès de nou.
La joveneta era cortès
per tots de l'entorn més palès
i a la reina molt bé la servia,
sens mostrar mai gens de falsia.
145 Un dia que obria la noia

que ele estoit de grant parage,
et dist, s'il puet, a la roïne
 fera present de la mescine.

De cel avoir molt le pria
quant il por reuber mer passa.
Atant s'en entrent tot es nés,
amont traient trestot lor trés.
 Or ont boin vent et bien portant,
si repairent lié et joiant.
Il n'orent pas .II. jors erré
k'en lor païs sont arivé.
Atant est issus el rivage
 li rois o trestot son barnage.
A Naples, a la cité bele,
est de lui venue novele
c'arivé sont lié et joiant,
ce dient cil qui vont devant.
 Cil de la vile encontre vont,
a l'encontrer grant joie font.
Tot se font lié de lor amis
c'arivé sont en lor païs.
Es vos le roi en la cité.
 Son barnage a trestot mandé ;
son eskiec lor depart li rois
bien largement, comme cortois,
et por la part a la roïne
done de gaaing la mescine.
 La roïne s'en fait molt lie,
en sa cambre l'a envoiie ;
sa loi li laist molt bien garder,
servir le fait et honerer ;
o li sovent jue et parole
 et françois aprent de s'escole.
 La mescine ert cortoise et prous,
molt se faisoit amer a tous.
La roïne molt bien servoit
comme cele qui sage estoit.
 Un jour avint que la mescine

la cambra a la reina xiroia
tibà un tapís donat pel rei
i el recordà seu, de bona llei,
la reina la veié engroguir
150 de morta, com de gran tragí,
perdent dels dits l'eixugamà
tota començà a tremolar
i amb una cara amb mala pinta,
més agreujat per estar en cinta.
155 La reina inquirí què tenia
i el perquè de tanta agonia.
La noia explicà el seu estat,
la reina en sentir l'amagat
i el termini, confessà el seu,
160 que era el mateix, sense res greu.
I ambdues seguiren fent vida
amb llur gravidesa sentida.
Fou per Pasqua Florida el jorn
que les dues, tocat migjorn,
165 van tenir llurs infantaments;
amb gran goig i en iguals moments,
no sens treballs i penes grans
compensats en veure els infants.
Un infant tingué la pagana
170 i mossa hagué la cristiana.

Els dos infants, quan foren nats,
pel festiu, foren anomenats
la cristiana, pel ressò
d'aquella festa, Blancaflor
175 tingué la nena, i el rei, Floris
al fill, per trets evocatoris.
Aquell pare estimà l'infant
com la jove la seva tant.
Ambdós els van lliurar a la noia
180 que restà més forta i xiroia,
per tenir-ne cura i pujar,
llevat només de l'alletar
que dugué a cap una pagana,

ouvroit es cambres la roïne
un confanon a oés le roi,
u ele peinst et lui et soi.
La roïne le vit palir,
 coulor muer et tressalir
et a ses flans ses mains jeter,
sovent fremir et tressuer,
dont sot bien quel mal elle avoit
a son sanlant, qu'ençainte estoit.
 Ele demande combien a
qu'ele reçut çou dont mal a.
Le terme sot bien et dist li.
La roïne, quant çou oï,
dist de cel terme estoit enprains
 et a cel jour et noient ains.
Dont sorent bien sans deviner
le terme de lor enfanter.
Le jor de le Paske Flourie,
si com le raconte lor vie,
 vint li termes k'eles devoient
enfanter çou dont griés estoient.
Travail orent et paine grant
tant que né furent li enfant.
Vallés fu nés de la paiiene
 et mescine ot la crestiiene.

Li doi enfant, quant furent né,
de la feste furent nomé :
la crestiiene, por l'onor
de la feste, mist Blanceflor
 non a sa fille, et li rois Floire
a son fil quant il sot l'estoire.
Li pere ama molt son enfant,
la mere plus u autretant.
Livré l'ont a la damoisele,
 por çou qu'ele estoit sage et bele,
a norrir et a maistroier,
fors seulement de l'alaitier.
Une paiienne l'alaitoit,

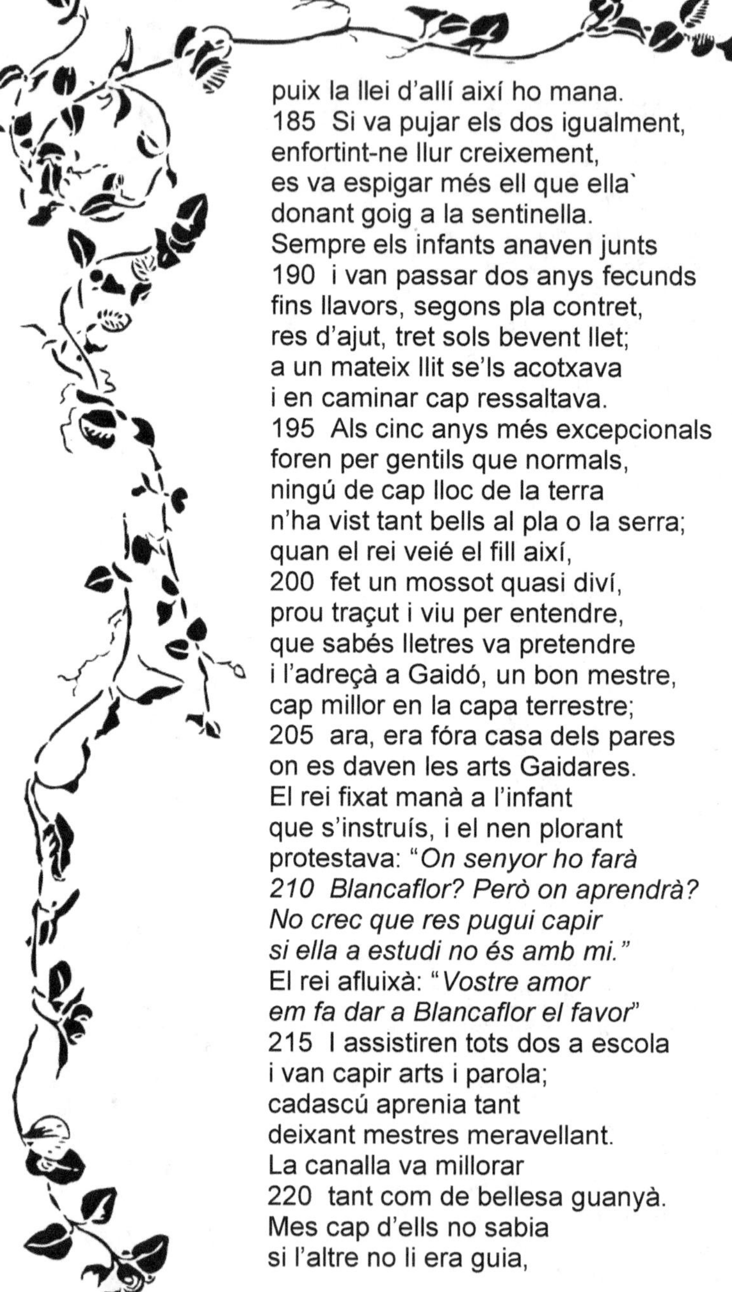

puix la llei d'allí així ho mana.
185 Si va pujar els dos igualment,
enfortint-ne llur creixement,
es va espigar més ell que ella`
donant goig a la sentinella.
Sempre els infants anaven junts
190 i van passar dos anys fecunds
fins llavors, segons pla contret,
res d'ajut, tret sols bevent llet;
a un mateix llit se'ls acotxava
i en caminar cap ressaltava.
195 Als cinc anys més excepcionals
foren per gentils que normals,
ningú de cap lloc de la terra
n'ha vist tant bells al pla o la serra;
quan el rei veié el fill així,
200 fet un mossot quasi diví,
prou traçut i viu per entendre,
que sabés lletres va pretendre
i l'adreçà a Gaidó, un bon mestre,
cap millor en la capa terrestre;
205 ara, era fóra casa dels pares
on es daven les arts Gaidares.
El rei fixat manà a l'infant
que s'instruís, i el nen plorant
protestava: "*On senyor ho farà*
210 *Blancaflor? Però on aprendrà?*
No crec que res pugui capir
si ella a estudi no és amb mi."
El rei afluixà: "*Vostre amor*
em fa dar a Blancaflor el favor"
215 I assistiren tots dos a escola
i van capir arts i parola;
cadascú aprenia tant
deixant mestres meravellant.
La canalla va millorar
220 tant com de bellesa guanyà.
Mes cap d'ells no sabia
si l'altre no li era guia,

car lor lois l'autre refusoit.
 El le nouri molt gentement
et garda ententivement
plus que sa fille, et ne savoit
le quel des .II. plus cier avoit.
Ensamble nori les enfans
tant que cascuns ot bien .II. ans ;
onques ne lor sevra mangier
ne boire, fors seul l'alaitier.
 Ensamble en un lit les couçoit,
andeus paissoit et abevroit.
Quant .V. ans orent li enfant,
molt furent bel et gent et grant.
De lor aé en nule terre
 plus biax enfans n'esteüst querre.
Quant li rois vit son fil si bel,
de son eage damoisel,
et aperçut que sot entendre,
a letres le vaut faire aprendre.
 Gaidon l'a commandé, un mestre ;
miudres de lui ne pooit estre.
Ses parens ert, de sa maison,
fondés des ars ; Gaides ot non.
Li rois commande son enfant
 qu'il aprenge, et cil en plourant
li respont : « Sire, que fera
Blanceflors ? Et dont n'aprendra ?
Sans li ne puis jou pas aprendre
ne ne saroie lechon rendre. »
 Li rois respont : « Por vostre amor
ferai aprendre Blanceflor. »
Es les vos andeus a escole !
Cius fu molt liés de la parole.
Cascuns d'aus .II. tant aprendoit
pour l'autre que merveille estoit.
Li doi enfant molt s'entramoient
et de biauté s'entresambloient.
 Nus d'aus .II. conseil ne savoit
de soi quant l'autre ne veoit.

i més prompte que ho fa Natura
van fixar en estimar llur cura.
225 En aprendre havien el do
de retenir tots dos millor.

Van llegir llibres pacients
que parlaven d'amors potents,
la qual cosa els meravellava;
230 més si l'enginy d'amor s'hi dava,
lectures que els feien frisar,
saber estimar de cortesà,
que d'amor n'estaven nodrits,
faltava sols dir-se'l sens crits.
235 Llegien i aprenien junts,
capint amb goig amors profunds.
Sentien gust d'anar a l'escola,
[hi és un, l'altre s'hi engarjola;
hi van plegats, plegats en venen
240 com llur joia d'amor obtenen.

Al jardí del pare d'en Floris
brots de mandràgora notoris
creixien amb herbes i flors
que tenien moltes colors;
245 i als arbres, igualment florits,
mil cants d'ocells d'amor ferits
eren gaudi dels dos infants;
a esmorzar-hi, fent-hi mil atans,
en el moment de menjar i beure,
250 els ocells s'hi deixaven veure
amb tants de refilets i cants
que daven vida als dos infants.
Havent menjat, feien sendera,
seguint camí amb gran xerrera.
255 I en ser a estudi, de l'escriptori
treien les tauletes d'ivori.
Llavors els veiéssiu escriure
cartes i versos d'amor lliure!
Llurs grafies d'or i argent

Au plus tost que souffri Nature
ont en amer mise lor cure.
En aprendre avoient boin sens,
 du retenir millor porpens.

Livres lisoient paienors
u ooient parler d'amors.
En çou forment se delitoient,
es engiens d'amor qu'il trovoient.
 Cius lires les fist molt haster
en autre sens d'aus entramer
que de l'amor de noureture
qui lor avoit esté a cure.
Ensamle lisent et aprendent,
 a la joie d'amor entendent.
Quant il repairent de l'escole,
li uns baise l'autre et acole.
Ensamble vont, ensamble vienent,
et lor joie d'amor maintienent.

 Un vergier a li peres Floire
u plantee est li mandegloire,
 toutes les herbes et les flours
qui sont de diverses coulours.
Flouri i sont li arbrissel,
d'amors i cantent li oisel.
La vont li enfant deporter
 cascun matin et por disner.
Quand il mangeoient et bevoient,
li oisel deseure aus cantoient.
Des oiselés oent les cans,
çou est la vie as .II. enfans.
 Quant ont mangié, si s'en revont,
molt grant joie par voie font.
Et quant a l'escole venoient,
lor tables d'yvoire prenoient.
Adont lor veïssiés escrire
 letres et vers d'amours en cire !
Lor graffes sont d'or et d'argent

260 eren escrites subtilment.
Cartes i saluts plens d'amor
dels refilets o flors licor.
No necessitaven res més,
només l'extret dels seus papers.]
265 Passats cinc anys i quinze dies
eren formats de fermes guies.
Que bé parlaven el llatí
i escrivien al pergamí!
Exhortaven, sentint la gent,
270 llatinant, que ningú entén.

El rei prenia de l'amor
del fill per Blancaflor amb furor;
encès tenia gran fredat
que quan el fill tingués l'edat
275 ja de casar-se amb una dona,
per ella no perdés la trona.
I cercà en la reina, tot sol,
trobar de la mossa un consol,
confiant que el seu talent
280 li calmaria aquell turment;
com afectada en el llinatge
ja en sabria altra d'alt llinatge.
La reina veié el seu senyor
irat, canviant de color,
285 vermell de sang, crespat de cara,
la cridà, fent el gara-gara:
"*Senyora* – digué- *apunta mal
vostre fill i erra de vial.
Us demano que el redrecem
290 que està en més perill que un blasfem.*"
Ella exclamà: "*Com?*" "*Tant d'amor
que té per Blancaflor és un error.
És filla de vostra serventa,
sembla que no se n'assabenta;
295 en tant viva altra no voldrà
i el seu amor l'encegarà;
no es pot deixar pel seu error
malmetre dels nostres l'honor.*"

dont il escrisent soutiument.
Letres et salus font d'amours
du cant des oisiax et des flours.
 D'autre cose n'ont il envie,
molt par ont glorieuse vie.
En seul .V. ans et .XV. dis
furent andoi si bien apris
que bien sorent parler latin
 et bien escrire en parkemin,
et consillier oiant la gent
en latin, que nus nes entent.

Li rois aperçoit bien l'amour
que ses fix a a Blanceflour.
 Forment cremoit en son corage
que, quant ses fix ert en eage
que feme devra espouser,
que ne s'en puisse deporter.
Es cambres vint a la roïne
 consel prendre de la mescine.
S'ele li done a son talent,
ocirra le hastivement,
puis querra selonc son lignage
a son fil feme de parage.
 La roïne voit son signor
iriet, bien pert a sa coulor,
car de sanc ot le vis vermel.
Il l'apele par grant consel :
« Dame, fait il, malement vait
 de vostre fil, mal li estait.
Saciés a estrous le perdrons
se hastiu consel n'en prendons. »
El dist : « Comment ? — Car tele amor
a vostre fix a Blanceflour,
 cele fille vostre kaitive,
ja tant com ele sera vive
l'amor de li ne cangera
ne autre feme ne prendra,
dont seroit forment ahontés

El tema em té desesperat
300 sols li veig fi pel cap tallat.
Sense ella el meu fill té sortida,
casant filla de rei, a mida."
La reina ha mig empal·lidit,
sentint-lo parlar amb tant delit.
305 A la minyona vol aidar
i igual al seu senyor calmar;
tant com son senyor alleugerir
vol lliurar Blancaflor el morir.
"Senyor —explica- volem segur
310 fill i país, més que ningú;
que cap d'ells no perdi l'honor
davant Blancaflor, amb tant fervor.
Però qui els podria toldre
d'units que estan? Qui ho pot resoldre?
315 Que se'ns pot morir precoç!"
El rei respon tot seriós:
"Senyora, hem de ser contundents;
que ens hi va el regne i fonaments!"
"Senyor —al·lega ella- posem Floris
320 a estudiar intern a Montoris;
està dirigit per Sibil·la,
ma germana, que hi té la vil·la.
Li donarem instruccions;
sabrà fer-li oblidar, amb raons,
325 la cristiana Blancaflor,
per una altra dona millor.
Durem a Gaidó al nostre joc,
que els deixi lliçons poc a poc;
finalment li farem entendre
330 que el nostre interès és pretendre
que nostre fill tingui nous mestres
i visqui nous aires campestres;
i Floris, que és prou assenyat,
hi veurà nostre amor, malgrat.
335 I segur, per no dar la nota,
correrà veus a la xicota,
i ella a sa mare, que és malalta,

de li tos nostres parentés.
Certes, fait il, sans eslongier
li voel faire le cief trencier,
puis donrai a mon fil oissour
fille de roi u d'aumachour. »
 La roïne s'est porpensee,
si a parlé comme senee.
A la mescine veut aidier
et si son signor consillier
c'a son signor puisse plaisir
 et Blanceflor de mort garir.
 « Sire, fait el, bien devons querre
com nostre fix remaigne en terre
et qu'il ne perde pas s'onour
por l'amistié de Blanceflour.
 Mais qui li porroit si tolir
qu'il ne l'en esteüst morir,
çou m'est avis plus bel seroit. »
Li rois respont la dame a droit :
« Dame, dist il, et jou l'otroi.
 Consilliés m'ent et vos et moi.
— Sire, fait ele, envoions Floire,
nostre fil, aprendre a Montoire.
Lie en ert molt dame Sebile,
ma suer, quist dame de la vile.
 Des qu'ele l'ocoison savra,
s'el puet, oblier li fera
la crestiiene Blanceflor
par le confort d'une autre amor.
Malades se fera Gaidons,
 ne lor porra lire lechons,
et nos li ferons a entendre
que la l'envoions por aprendre.
 Se ses maistres sains remanoit,
Floires plus tost s'apercevroit,
car il sont boin devineour
tout cil qui aiment par amour.
Il ert dolans de la novele,
 s'en vaura mener la pucele.
Sa mere malade se faigne,

ho sé, que no en podrà estar falta,
i havent d'estar amb cures i pies
340 *li traurem més de quinze dies."*
Així ho van acordar tots dos
i el rei, amb mots, aduladors,
digué al seu fill sa voluntat,
seguint el pla, que hem dit, traçat.
345 I un cop contat el mot darrer
Floris, irat, li respongué:

"Senyor- cridà- *el mestre és estrany,*
mes que plegui Blancaflor un any?
Per sa mare? Blancaflor. I jo?"
350 El rei exposà el pla d'allò:
no morís la mare i ell viu,
no el perdonaria, li diu.
Floris li consent, no sens pena.
Prest al camarlenc se li ordena
355 preparar un comboi, segons llei,
tal com li convé a un fill de rei.
No passa temps que és al castell
de Montoris, el fort, el bell.
El rep Jores, amb grans honors,
360 i brindant-li tots els favors,
malgrat tantes mostres de joia,
el noi, perduda la miroia,
pensa en Blancaflor, que no hi és;
i si ha fet bé, o a l'inrevés.
365 A aprendre l'envia Sibil·la
amb moltes noies de la vil·la;
confia si podrà oblidar
per altra d'aquell terrossar.
Però ell no sent ni veu ben res,
370 cosa nova no li fa el pes;
hi és, però és absent d'aprendre,
el dol el fa de tot desprendre.
Amor, d'eixut d'enteniment
perquè li plantà una sement
375 que abans quasi florida estava

por li garder cele remaigne,
et molt tres bien l'asseürés
ains .XV. jors li trametrés. »
 Atant sont du conseil torné.
Li rois a son fil demandé,
mais primes ont aparillié
si com il orent consillié,
et puis li a conté et dit.
 Floires iriés li respondit :

« Sire, fait il, que puet çou estre
que Blanceflor lais et mon mestre ?
Blanceflor pri que viegne o moi. »
Dont ot l'otrïement au roi,
 muire sa mere u voist vivant,
que il l'avra sans contremant.
Flores l'otroie a quelque paine.
Li rois son cambrelenc demaine
li a cargiet o grant conroi,
 tel que convient a fil de roi.
Es les vos venus au castel
de Montoire, le fort, le bel.
Li dus Joras molt liés en fu,
a grant honor l'a recheü,
et s'ante li a fait grant joie,
mais ne li caut de riens qu'il oie :
por Blanceflor qu'il n'a, s'amie,
en noncaloir a mis sa vie.
Aprendre l'en maine Sebile
 o les puceles de la vile,
savoir se il l'oublieroit
et en l'escole autre ameroit.
Mais nul oïr ne nul veoir
ne li puet faire joie avoir.
 Il ot assés, mais poi aprent,
car grant doel a u il s'entent.
Amors li a livré entente,
el cuer li a planté une ente
qui en tous tans flourie estoit

rebent-ne suau olor i saba,
igual que encens de salpassers
depura ciutadans sincers,
perquè d'olor tot ho envaïa,
380 tapa la joia cada dia
i el fruit de la sement susdita,
que grua sens veure'n la fita:
recollir el seu preuat fruit,
veure Blancaflor fit a fit
385 i fer-li un petó de visita,
sols llavors sabrà que és collita.
Floris esperà, no sens pena,
just el final de la quinzena;
i en veure que ella no venia
390 va entendre l'engany i arteria
i dubtà de tots els propers,
tement-la morta, quan tornés.
Veient-se afeblit no menjà,
rebutjà els riures i el jugar
395 deixà de beure i de dormir
amenaçant voler morir.
Varen enviar un troter al rei
tement no fos del cel la llei.
Un cop el pare assabentat
400 cridà la reina tot irat:
"Hem embolicat més la troca!
Ara es vol morir, el tanoca!
Aquesta noia l'ha embruixat,
li ha xuclat la voluntat!
405 Porteu-me-la aquí sens protesta
que li faré tallar la testa!
Quan mon fill morta la sabrà
potser llavors l'oblidarà!"
La reina, ràpid va respondre:
410 "Per déu senyor, us voleu compondre?
Mireu, el port té uns mercaders
babilònics que fan redreç;
els la hi podem portar per vendre
i encara podrem un guany prendre.

et tant doucement li flairoit
que encens ne boins citouaus
ne giroffles ne garingaus.
Et cele odour rien ne prisoit,
toute autre joie en oublioit :
 le fruit de cele ente atendoit,
mais li termes molt lons estoit,
çou li ert vis, du fruit cuellir :
quant Blanceflor verra gesir
jouste soi et le baisera,
 le fruit de l'ente cuellera.
Flores atent a quelque paine
tot le terme de le quinçaine.
Quant il vit qu'ele ne venoit,
dont sot bien que gabés estoit,
 et si doute forment et crient
que morte soi quant el ne vient.
Atant laist le mangier ester
et tot le rire et le jüer,
le boire laist et le dormir.
 Cil se criement de son morir.
Li cambrelens au roi le mande.
Il en ot doel et ire grande.
Del venir li done congiés.
La roïne apela iriés :
 « Certes, fait il, la damoisele
mar acointa ceste novele !
Puet estre que par sorcerie
a de mon fil la drüerie.
Faites le moi tost demander,
 ja li ferai le cief cauper.
Quant mes fix morte le sara,
en peu de tans l'oubliera. »
La roïne li respondi :
 « Sire, fait el, por Dieu, merchi !
 A cest port a molt marceans
de Babiloine, bien manans.
Au port le fai mener et vendre,
grant avoir pués illoeques prendre.

Satisfet el rei ho atorga
420 i a un burgès, fonda veu de gorga,
li comanà la venda aquella,
hàbil en llengües i trapella.
No ho va fer per gasiveria,
allò de vendre-la era mania!
425 Més guany hagués estat morir
que no fer cent marcs per ferir:
els sous crien pels guanys que es fan.

Del port els mercaders marxant,
amb més mercaderia que ella,
430 l'havien pres per ser tan bella,
pensant quant treure'n pel camí
després de pagar-ne un fortí:
trenta marcs d'or i vint d'argent,
més vint fulles de Bonivent
435 i vint mantells virats enormes,
vint gots indis de moltes formes
i una ferrenya copa d'or,
que va ser emblema del tresor
del ric emperador de Roma,
440 on no hi ha begut cap més home.
Sorprèn de ben feta que està,
fruit d'un acurat treballar,
molt tècnicament ennegrida,
i per Vulcà, es veu de seguida.
445 L'anap, fa molt temps, va pertànyer
a Troia, de trista campanya,
per l'assalt dels Grecs i el cavall
que amb mur aguantà al capdavall,
tant com la defensaren dins
450 dels llançaments, caigué a bocins.
Això fou després de que a Helena
la hi portés Paris, drut sens pena.

Cil l'en menront, car molt est bele,
 ja n'orrés mais de li novele,
si en serons delivre bien
sans estre homecide de rien. »
Li rois a grant paine l'otroie.
Par un borgois illoec l'envoie
 qui de marcié estoit molt sages
et sot parler de mains langages.
Ne le fist pas par covoitise
vendre li rois en nule guise ;
mix amast il sa mort avoir
 que ne fesist .C. mars d'avoir :
le pecié crient, por çou le lait.

Li marceans au port s'en vait
et a teus offre la pucele
qui l'acatent, car molt ert bele.
 Cil l'acaterent maintenant,
car molt ert bele par sanlant,
.XXX. mars d'or et .XX. d'argent
et .XX. pailes de Bonivent,
et .XX. mantiax vairs osterins,
 et .XX. bliaus indes porprins,
et une ciere coupe d'or
qui fu emblee du tresor
au rice empereour de Rome ;
ainc a plus ciere ne but home,
A grant mervelle fu bien faite
et molt fu soutiument portraite
par menue neeleüre ;
 Vulcans le fist, s'i mist sa cure.
El hanap ot paint environ
Troies et le rice doignon,
et com li Griu dehors l'assaillent,
com au mur par grant aïr maillent,
 et com cil dedens se deffendent,
quariaus et pex agus lor rendent.
En l'eur aprés fu painte Helaine,
comment Paris ses drus l'en maine.

D'esmalt blanc van fer d'ells imatges
amb fons d'or per marcar els cossatges.
455 Allà el marit d'ella, pels mars
els seguí, enfurit, no espars,
amb una gran host grega enorme
manant Agammenon, conforme
en encendre-ho tot. A la base,
460 pintada, una Venus amb gasa,
amb Juno i Pal·las, clarament,
assistint a llur jutjament
que Paris, fruit d'un vil ordit,
que a una poma van trobar escrit,
465 en un brillant or fi, se'ls deia
l'hauria qui més bella ell creia.
La poma Paris la guardà
i el varen comminar a jutjar
que a la més bella li donés;
470 un dilema de mal redreç.
Cascuna, molt bella, promet
molt, si la sosté mansuet.
Juno oferí dels seus havers,
Pal·las coneixement divers
475 i Venus que haurà la més bella
mortal i que, a més, és donzella.
Així Paris trià aquest do,
dant-li la poma esclata un tro:
desferma un xoc d'homes i déus
480 que acabà ensorrant tots els seus.
Veraç mostrava la pintura
l'amor de Paris i la cura
per descriure'ls tots bellament,
no com els amos del moment,
485 de la copa, tots ells bergants.
Un carboncle, dels més brillants,
fixà el coper, llum de cellers,
mentre amb ampolles estigués;
cap llum encès és més complet
490 per contenir el vi d'Issopet!
Tot d'or feia d'ansa un ocell,

D'un blanc esmail ot fait l'image,
assise en l'or par artimage.
Aprés i est com ses maris
le siut par mer, d'ire maris,
et l'os des Grius com il nagoit
et Agamennon quil menoit.
Ens el covercle de desus,
illoec ert paint comme Venus,
Pallas et Juno ensement
vinrent oïr le jugement
de Paris, car eles troverent
une pume, dont estriverent,
de fin or, u escrit estoit
la plus bele d'eles l'aroit.
Cele pume a Paris livrerent
et en aprés li conjurerent
que la plus bele le donast
et celi que il mix prisast.
Cascune li promet granment,
que vers li soit au jugement :
Juno plenté de grant avoir
et Pallas prouece et savoir,
et Venus la plus bele feme
que de totes autres ert geme.
Paris le pume li dona
et de sa feme le hasta ;
assés le voloit mix avoir
que sens, proece ne avoir.
Et tres bien mostroit la painture
l'amor Paris et la grant cure,
com il ses nés aparilloit
et com por li par mer nagoit.
Li coupiers ert ciers et vaillans,
d'un escarboucle reluisans ;
n'est soussiel si orbes celiers,
s'il i estoit, li boutilliers
ne peüst sans autre clarté
cler vin connoistre d'ysopé.
D'or avoit deseure un oisel

tant majestuós com molt bell
que als seus peus tenia la gema;
cap humà n'ha vist tant suprema;
495 el seu esguard pren qui la veu,
sols mirar-li fix aquell peu.
Eneas rei se l'endugué
de Troia en marxar-ne també;
la donà a Lombardia antiga
500 a Lavínia en fer-la amiga;
qui la passà als seus descendents
tots senyors de Roma i potents
fins Cèsar i, quan tot caigué,
a mans bàrbares fou potser
505 finalment, passà a uns mercaders
i altres i altres i, aquests, després
la pagaren per Blancaflor
i n'obtingueren dret i do,
que el doble pensaven guanyar;
510 de fet, sabien on trucar.
Van reblar-ho amb breu pregària
i ja en llur terra mil·lenària,
a Babilònia van dur-la
i a davant l'almirall, sens burla,
515 que tot seriós l'ha acceptada.
Del seu or set cops l'ha pesada:
veient-li el seu clar visatge
la té per dona d'alt estatge.
I l'estima per gran bellesa
520 per'xò la fa guardar ben presa.

Aquells marxants van fer l'agost,
i ara qui puja al palau rost
és aquell burgès torsimany
que dóna al rei tot aquell guany.
525 Mes la reina està penedida
i enlloc de parlar al marit, crida:
"Senyor –exclama- què li direm
doncs a Floris, quan el veurem?
Quan serà el moment i, ja triga,

40

trifoire, qui molt par ert bel,
qui en son pié tenoit la geme,
 plus bel ne vit ne hom ne feme :
c'ert vis celui qui l'esgardoit
que vis estoit, si voletoit.
Li rois Eneas l'emporta
de Troies quant il s'en ala,
 si le dona en Lombardie
a Lavine, qui fu s'amie.
Puis l'orent tot li ancissour
qui de Rome furent signor
dusqu'a Cesar, a cui l'embla
 uns leres, qui la l'aporta
u li marceant l'acaterent
et por Blanceflor le donerent.
Çou l'en donent par droit marcié,
et il s'en font joiant et lié,
 k'a double cuident gaaignier
se il s'en pueent repairier.
Li marceant ont bon oré,
en lor païs sont retorné,
en Babiloine l'ont menee,
 a l'amiral l'ont presentee,
et il l'a tant bien acatee,
de son or l'a .VII. fois pesee :
cele a gent cors et cler visage,
bien sanle feme de parage.
 Por sa grant biauté molt l'ama
et bien garder le commanda.

Li marceant en sont tout lié,
car assés i ont gaaignié.
Et li borgois est revenus,
 au roi fu tos l'avoirs rendus.
La roïne s'est porpensee
et si parla comme senee :
« Sire, fait ele, que dirons
quant vostre fil Flore verrons
 et quant il repairiés sera,

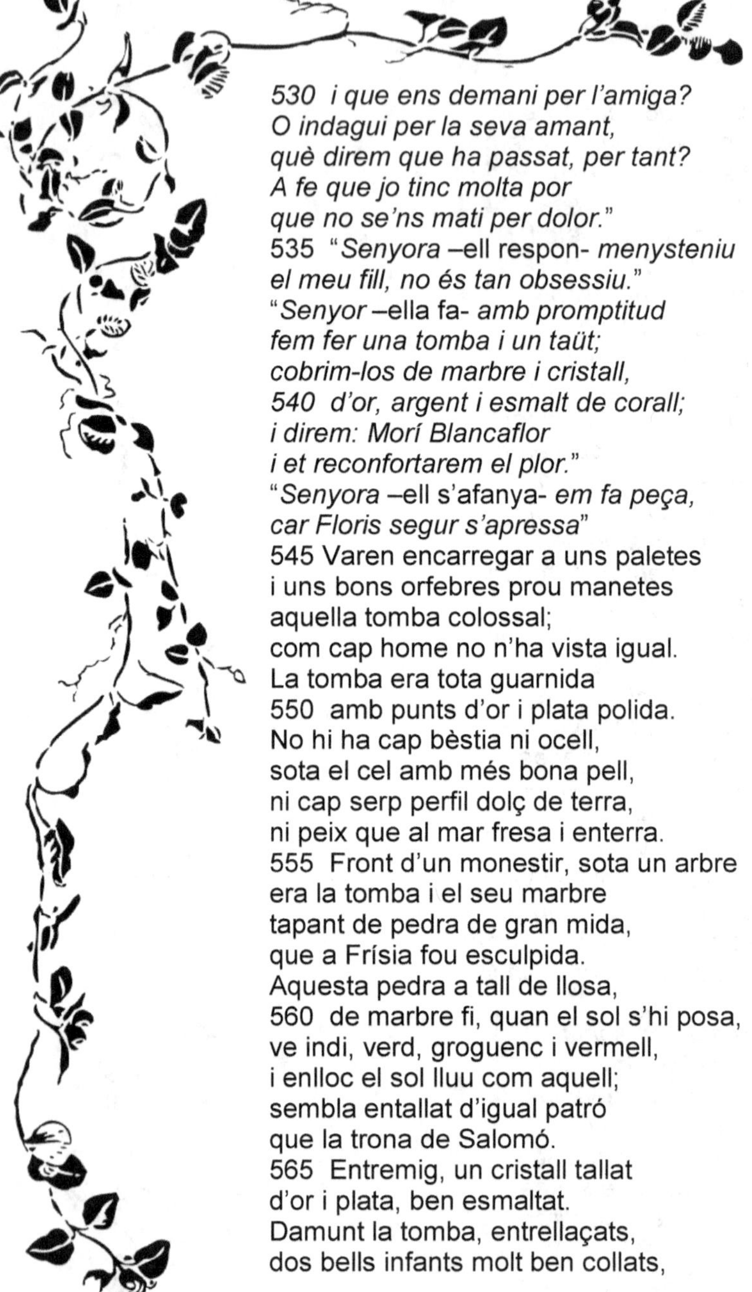

530 *i que ens demani per l'amiga?*
O indagui per la seva amant,
què direm que ha passat, per tant?
A fe que jo tinc molta por
que no se'ns mati per dolor."
535 *"Senyora —ell respon- menysteniu*
el meu fill, no és tan obsessiu."
"Senyor —ella fa- amb promptitud
fem fer una tomba i un taüt;
cobrim-los de marbre i cristall,
540 *d'or, argent i esmalt de corall;*
i direm: Morí Blancaflor
i et reconfortarem el plor."
"Senyora —ell s'afanya- em fa peça,
car Floris segur s'apressa"
545 Varen encarregar a uns paletes
i uns bons orfebres prou manetes
aquella tomba colossal;
com cap home no n'ha vista igual.
La tomba era tota guarnida
550 amb punts d'or i plata polida.
No hi ha cap bèstia ni ocell,
sota el cel amb més bona pell,
ni cap serp perfil dolç de terra,
ni peix que al mar fresa i enterra.
555 Front d'un monestir, sota un arbre
era la tomba i el seu marbre
tapant de pedra de gran mida,
que a Frísia fou esculpida.
Aquesta pedra a tall de llosa,
560 de marbre fi, quan el sol s'hi posa,
ve indi, verd, groguenc i vermell,
i enlloc el sol lluu com aquell;
sembla entallat d'igual patró
que la trona de Salomó.
565 Entremig, un cristall tallat
d'or i plata, ben esmaltat.
Damunt la tomba, entrellaçats,
dos bells infants molt ben collats,

s'amie nos demandera ?
Quant il demandera sa drue,
que dirons nos qu'est devenue ?
Par foi, jou ai molt grant paor
 qu'il ne s'ocie por s'amor.
— Dame, fait il, or en pensés.
C'est vostre fius, sel confortés.
— Sire, fait ele, a moi entent :
car faisons faire un tomblel gent,
 fais soit de marbre et de cristal,
et d'or et d'argent li esmal.
"Morte est Blanceflor", ce dirons
et nostre fil conforterons.
— Dame, fait il, tost l'estuet faire,
 car Flores, çou saciés, repaire. »
Dont manderent machons vaillans
et boins orfevres bien sachans.
Faire lor fait un tel tomblel,
nus hom de char ne vit si bel.
 La tombe fu molt bien ovree,
d'or et d'argent iert neellee.
N'a soussiel beste ne oisel
ne soit escrit en cel tomblel,
ne serpent c'on sace nomer,
 poisson de douce aige et de mer.
Devant un mostier, sos un arbre,
sist la tombe, qui fu de marbre.
Une piere ont desus assise
que orfevre fisent de Frise.
 Cele piere qui sus gisoit
de tres fin marbre faite estoit,
inde, vert et gausne, vermel ;
molt reluisoit contre solel,
si fu entaillie environ
 de la trifoire Salemon.
Entremis i sont a cristal
d'or et d'argent tot li esmal.
Desor la tombe ot tresjetés
II. biax enfans tres bien mollés.

cap home no ha vist mai esculpits
570 dos infants igual d'eixerits;
un dels dos com Floris semblava,
més que res que fos i no ho clava!
L'altre era com un motlle pastat
a Blancaflor i el seu retrat.
575 Aquest semblant a Blancaflor
al d'en Floris dava una flor.
Davant l'amic, amb posat probe,
li dava una rosa d'or nova.
Tenint Floris a la cara
580 dant-li una flor de lis suara,
aquest, un davant l'altre, estar,
frisava tenir-se a la mà.
Sota el cap de Floris infant,
fermat, un carboncle brillant
585 que en nits feia llum com mil forns,
i amb sol pla es veia pels contorns!
Als angles de la tomba un tubs
com quatre corns feien parrups;
si tots quatre rebien vent,
590 com si fos un músic vivent,
mentre el vent als infants tocava;
semblava que un l'altre besava,
petons d'aquells fets d'ignorància,
entremig dels jocs de la infància.
595 Aquell Floris deia a Blancaflor:
"Besa'm, amiga, un de debò."
I Blancaflor, besant, li fes:
"Tret de vós res no estimo més"
Com si pronunciant-ho vent
600 infants es besessin talment;
i quan calmades les ventades
fessin silenci endebades
i sols fruïssin de mirar-se
fets dos còmplices de comparsa.

605 Cara al cel ran de tot el marbre
de la tomba van plantar un arbre;

Onques nus hom si bien sanlans
d'or ne vit faire .II. enfans.
Li uns des .II. Flore sanloit
plus que riens nule qui ja soit.
L'autre ymage ert ensi mollee
 comme Blanceflor ert formee.
Et li ymage Blanceflor
devant Flore tint une flor.
Devant son ami tint la bele
une rose d'or fin novele.
 Flores li tint devant son vis
d'or une gente flor de lis.
L'uns jouste l'autre se seoit,
gente contenance faisoit.
Desor le cief Flore l'enfant
 ot un escarboucle luisant ;
par nuit oscure veoit on
une liue tot environ.
En la tombe ot .IIII. tuiaus
as .IIII. cors, bien fais et biaus,
 es queus li .IIII. vent feroient
cascuns ausi com il ventoient.
Quant li vens les enfans toucoit,
l'un baisoit l'autre et acoloit,
si disoient par ingremance
 trestout lor bon et lor enfance.
Ce dist Flores a Blanceflor :
« Basiés moi, bele, par amor. »
Blanceflor respont en baisant :
« Je vos aim plus que riens vivant. »
a Tant com li vent les atoucoient
b et li enfant s'entrebaisoient,
 et quant il laissent le venter,
dont se reposent de parler.
Tant doucement s'entresgardoient
que c'ert avis que il rioient.

Au cief desus de cel tomblel
avoit planté un arbrisel ;

ara estava esplèndid, farcit
de les seves flors, tot guarnit,
carregades totes les branques
610 de flors obertes i d'estanques.
Aquest arbre, Venus de nom,
no es pot cremar i no se sap com.
A uns peus de l'arbre aquell
creixia un terebint vermell;
615 sota el cel cap més bella cosa,
fins i tot que de les flor de rosa;
a dreta un arbre de fer crisma,
a esquerra un altre prop l'abisme.
No heu sentit més bona olor enlloc
620 perquè no n'hi cap, tampoc,
que pugui un bàlsam produir
ni millor cremes repetir.
Qui els quatre arbres va plantar
tenia inspirada la mà,
625 com si sembrés, fent un conjur,
dant-los un floriment futur.
Plegat rebroten tots mesells
omplint-se igual de mil ocells,
que hi fan similar melodia,
630 com no en sentireu tal cap dia.
La tonada dels refilets
no es perden ni grans ni cadets,
els donzells aprofiten el torn
per fer-ne gaudir amb trastorn
635 a donzelles, que en sentir un xic
el cant dels ocells amb l'amic
queden empeses a abraçar
i a besar el company que té allà.
Per poc que els escolta la gent
640 d'amor omplen el pensament
per la dolçor de les tonades
i adormir-s'hi és endebades.

Entre aquests quatre arbres estava
la tomba ara d'aquella esclava

molt estoit biax et bien foillis
et de flors ert adés garnis ;
totes sont cargies les brances
et les flors noveles et blances.
 Cix arbres a a non benus ;
ja un seul point n'en ardra fus.
As piés par devers le solel
avoit un turabim vermel ;
soussiel nen a plus bele cose,
 plus ert bele que flors de rose.
A destre part ot un cresmier
et a senestre un balsamier ;
n'ert en cest siecle tele odour
qui vausist cele de la flour,
 car de l'un basmes decouroit
et de l'autre cresmes caoit.
Cil qui les .IIII. arbres planterent
trestos les diex en conjurerent,
au planter tel conjur i firent
 que toustans cil arbre florirent.
Bien sont flouri cil arbrisel,
tous tans i cantent .M. oisel.
La oïssiés tel melodie,
onques tele ne fu oïe.
 Tel melodie demenoient
li oisel qui illoec cantoient,
se damoisiaus les escoutast
ne pucele, por qu'ele amast,
de ces dous cans que il oïssent
d'amors si tres fort espresissent
qu'il se courussent embracier,
l'uns l'autre doucement baisier.
Se nules gens les escoutaissent
qui ja d'amor ne se penaissent,
 de la douçor que il oïssent
isnellepas s'en endormissent.

Entre ces .IIII. arbres seoit
cele tombe qui faite estoit.

645 i és rar que per qui es trafica
se'n fes una de tant bonica.
De rics guarniments adornada,
amb cars esmalts a la vegada.
Pedres tenia amb grans virtuts
650 que fan miracles insabuts
com: zircons, safirs, pedres còniques
i maragdes, també sardòniques,
palletes, coralls i fumistes,
tant diamants com ametistes,
655 lluents i blaus berils, topazis
i àgates i jaspis rosacis.
La tomba estava escripturada
en or àrab ben lletrejada.
Les lletres daurades d'escrit
660 glosaven, havent-les llegit:
"Aquí jau Blancaflor la bella,
l'amor de Floris, la poncella."

Però ara Floris ha vingut
i el pare ha pres desprevingut;
665 quan desmunta del palafrè
es planta al rei que era serè
i al pare i la mare saluda,
després pregunta per sa druda,
i en no respondre de seguida
670 se'n va a una cambra recollida;
la mare de la noia hi troba
i no demana cosa nova:
"*Senyora, vostra filla, on és?*
L'altra respon: "*Ja no hi és més*"
675 "*On és?*" "*No ho sé*" "*Crideu-la, va!*"
"*A quin lloc?*" "*Us voleu burlar.
Que l'amagueu?*" "*Senyor, no pas!*"
"*Per déu! Distint diu vostre faç!*"
Llavors la mare de l'amiga
680 no pot més, tota ella fa figa,
i plorant li confessa: "*És morta!*"
"*No pot ser!*" "*Ho és! Amb què comporta.*"

Onques mais por une pucele
 ne cuit que fust faite tant bele.
De rices listes ert listee,
de ciers esmaus avironee.
Pieres i a qui vertus ont
et molt grans miracles i font,
jagonses, saffirs, calcedoines,
et esmeraudes et sardoines,
pelles, coraus et crisolites
et diamans et ametites,
et ciers bericles et filates,
 jaspes, topaces et acates.
Toute ert la tombe neelee,
de l'or d'Arrabe bien letree.
Les letres de fin or estoient,
et en lisant çou racontoient :
 « Ci gist la bele Blanceflor,
a cui Flores ot grant amor. »

Atant es Flore repairié,
quant de son pere ot le congié.
Il descent jus del palefroi
 en la sale devant le roi.
Son pere et sa mere salue,
puis lor demande de sa drue.
Cil se tardent de respons rendre.
Isnelement es cambres entre ;
 la mere a la mescine trueve
a cui son corage descuevre :
« Dame, fait il, u est m'amie ? »
Cele respont : « El n'i est mie.
— U est ? — Ne sai. — Vos l'apelés !
 — Ne sai quel part. — — Vos me gabés.
Celés la vos ? — Sire, nonal.
 — Par Diu, fait il, çou est grant mal ! »
Quant cele mais celer nel puet,
pitié ot grant, plorer l'estuet.
 En plourant li a dit : « Morte est.
— Puet estre voirs ? — Oïl, voirs est.

49

"On és el cos?" "Al monestir"
"I de quan?" "Vull dies van fer ahir
685 *que és morta nostra Blancaflor,*
i ho és, per vostra amor, senyor!"
Ella mentia, era evident,
així ho jurà al rei, amb por ardent.
Quan Floris copsà que era morta
690 fluix es repinjolà a la porta
i perdé el color, el cor batent
i tot llarg caigué al paviment.
La cristiana s'espantà
i un llarg crit agut va llençar.
695 Fou tan fort que el rei el sentí
i es presentà corrents allí,
que amb la reina, igual de de pressa,
veié el fill, quedà d'una peça.
El noi no trigà en tornar en si;
700 i hi tornà tres cops i va dir:
"¿Per què a mi la mort no m'obliga,
quan he perdut la meva amiga?
Senyora, ara vull que em porteu
al seu carner, si en sabeu."
705 Amb el rei, que a la tomba el mena,
Floris s'hi encamina amb pena
i hi veu l'escrit de Blancaflor,
per Floris l'amor de debò.
Tres cops l'ha llegit, pel trasbals,
710 ni que els mots no fossin iguals!
Després el jovencell segué
damunt la pedra del carner.
I es desfà en plors i posat greu
mentre a Blancaflor li retreu:
715 *"Quina barra tens Blancaflor!*
Vam néixer el mateix dia, ai jo,
engendrats la mateixa nit,
nostres mares sempre ho han dit;
nodrits plegats, pujats rotunds,
720 *bé mereixíem els dos junts*
sortir plegats d'aquesta vida,

— U est li cors, u ? — El mostier.
— Et quant fu morte ? — .VIII. jors ot ier
que si est morte Blanceflour,
voire, sire, por vostre amor. »
Ele mentoit a essient,
 c'au roi en ot fait sairement.
Quant Flores ot qu'ele estoit morte,
molt durement se desconforte,
la color pert, li cuers li ment,
tos pasmés ciet el pavement.
 La crestiiene s'esbahi,
de la paor jeta un cri.
Li cris fu haus, que li rois l'ot ;
courant i vint que plus tost pot.
La roïne y reva courant.
 Grant doel ont fait de lor enfant.
Il s'est pasmés en molt poi d'eure
.III. fois ; quant revint, forment pleure.
« La mors, fait il, por coi m'oublie,
quant perdu ai ensi m'amie ?
 Dame, fait il, car me menés
a se tombe, se le savés. »
Li rois a la tombe l'en maine.
Flores i va a molt grant paine
et vit l'escrit de Blanceflor
 a cui Flores ot grant amor.
.III. fois le list, lors s'a pasmé
ains c'un seul mot eüst parlé.
Aprés s'assist li damoisel
desor la piere del tomblel.
 Durement commence a plorer
et Blanceflor a regreter :
« Oï ! Blanceflor ! Blanceflor !
Ja fumes nos né en un jor
et en une nuit engenré,
 si com nos meres ont conté.
Nouri avons esté ensamble :
bien deüssons, si com moi samble,
ens en un jor issir de vie

si morir és el preu d'eixida!
Perdona Blancaflor, galtones,
de nostra edat, cap de les dones
725 que he vist és bonica com tu,
per molt que diguin que ets comú.
I ara diuen que ets morta, gema,
damunt de totes ets suprema.
Més bella ja no es pot descriure
730 ni trobar un somrís igual de lliure;
seria repetir matèria,
trair la natura, misèria;
la teva carn, cap, cara i llavi,
qui ho descrivís seria savi!
735 Bah" Tendra cara acolorida
cap n'ha nascut ni feta a mida
que tingués tal rostre sublim,
ni forma tan bella un polsim!
I a més l'honorabilitat
740 et sublima en la veritat;
t'estimen tots, petits i grans
per la bondat sense descans.
Bonica, quants moments distrets,
escrivint-nos consells secrets,
745 de l'un a l'altre, sempre emesos
en alt llatí, per no ser entesos.
Bah! Mort, mira que ets enutjosa,
de puta pena, carregosa,
ara que et crido no vindràs!
750 Ni qui et vol estimaràs?
I aquells que t'odien amb ganes
i no et volen per res, els manes;
no et poden refusar amb sabers;
davant teu ni unces ni havers.
755 Quan més es val o bé ha de viure,
tot t'és no deixar sobreviure;
quan es té dret de joventut,
goig, ho prens tot amb promptitud.
Ara, si veus un mendicant,
760 un vellarcàs, xaruc i gran

se la mors fust a droit partie.
 Ahi ! Blanceflor, cler visage !
Onques feme de vostre eage
ne vi plus bele ne plus sage,
de coi que fuissiés de parage.
Morte estes, precïeuse jeme !
 Ja mais nen ert plus bele feme.
Bele, nus ne porroit descrire
vostre biauté, ne bouce dire :
car la matere teus seroit
que nus hom a cief nel trairoit ;
 sa crigne, son cief, son visage,
 quel descriroit molt seroit sage.
Ha ! tenre face couloree,
desor vos ne fu onques nee
qui portast si bien caasté,
 s'aviés la forme de biauté.
Humle estiiés et honerable,
et as besoigneus secourable,
 petit et grant tot vos amoient
por la bonté qu'en vos trovoient.
Bele, forment nos entramiens
et en escrivant consilliens ;
l'uns a l'autre son bon disoit
 en latin, nus ne l'entendoit.
Ha ! Mors, tant par es enuieuse,
de pute part, contralieuse,
ja apelee ne venras,
ne ciax qui t'aimment n'ameras ;
 et ciax qui te heent plus aimmes
et la u ne voelent les mainnes ;
a ne se poet defendre savoirs
b vers toi, proece ne avoirs.
Quant hom mix vaut et il doit vivre,
dont t'entremés de lui ocirre ;
quant doit avoir en son jovent
 joie, tu li taus soudement.
Mais quant vois aucun mendiant
qui de viellece va tranlant,

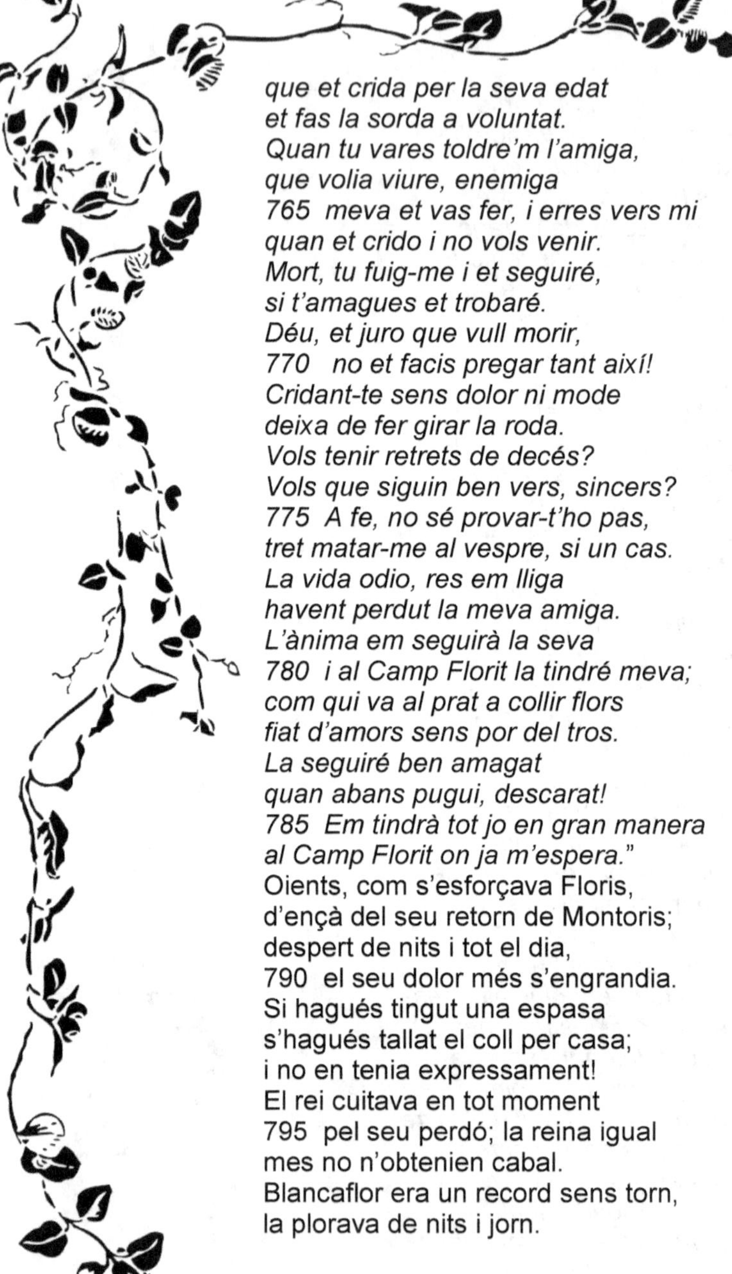

que et crida per la seva edat
et fas la sorda a voluntat.
Quan tu vares toldre'm l'amiga,
que volia viure, enemiga
765 *meva et vas fer, i erres vers mi*
quan et crido i no vols venir.
Mort, tu fuig-me i et seguiré,
si t'amagues et trobaré.
Déu, et juro que vull morir,
770 *no et facis pregar tant així!*
Cridant-te sens dolor ni mode
deixa de fer girar la roda.
Vols tenir retrets de decés?
Vols que siguin ben vers, sincers?
775 *A fe, no sé provar-t'ho pas,*
tret matar-me al vespre, si un cas.
La vida odio, res em lliga
havent perdut la meva amiga.
L'ànima em seguirà la seva
780 *i al Camp Florit la tindré meva;*
com qui va al prat a collir flors
fiat d'amors sens por del tros.
La seguiré ben amagat
quan abans pugui, descarat!
785 *Em tindrà tot jo en gran manera*
al Camp Florit on ja m'espera."
Oients, com s'esforçava Floris,
d'ençà del seu retorn de Montoris;
despert de nits i tot el dia,
790 el seu dolor més s'engrandia.
Si hagués tingut una espasa
s'hagués tallat el coll per casa;
i no en tenia expressament!
El rei cuitava en tot moment
795 pel seu perdó; la reina igual
mes no n'obtenien cabal.
Blancaflor era un record sens torn,
la plorava de nits i jorn.

il t'apele por sa viellece,
ne veus oïr sa grant destrece.
Quant tu m'amie me tolis
 qui vivre voloit, tort feïs ;
or refais tort, quant voel morir
et jou t'apel, ne veus venir.
Mors, tu me fuis, jou te sivrai ;
se te repons, jou te querrai :
 par Diu, qui de cuer veut morir,
ne li pués pas longes guencir.
Quant aucuns dolereus t'apele,
adont torne bien ta roëlle ;
tu veus avoir regré et prés,
 adont te caient bien tes dés.
Par foi, mais ne te proierai,
ains qu'il soit vespres m'ocirrai.
Des or mais haic jou ceste vie
quant j'ai perdu ma douce amie.
 M'ame le m'amie sivra,
en Camp Flori le trovera
u el keut encontre moi flors,
car molt se fie en nos amours.
Molt hastivement le sivrai
 et au plus tost, com ains porrai.
Ele m'ara proçainement
en Camp Flori u el m'atent. »
Signor, molt se dementoit Floire.
Des puis qu'il revint de Montoire,
 ne fu liés par nuit ne par jour.
Sa vie est molt en grant dolour.
S'il eüst une nue espee,
tost l'eüst en son cuer boutee ;
n'en a nule, ce poise li.
 Li rois li va criant merci,
la roïne tout ensement,
mais n'i valent confortement :
ne puet oublier Blanceflor,
por li en pleure nuit et jor.

[Fins que el rei cridà un sortiller;
800 ja res més no sabia fer,
i no va trobar millor idea.
L'home sabia, en assemblea,
convertir pedres en formatges
i més encanteris i usatges.
805 Les bugades feia volar,
i els ases com gats miolar.
Qui li dava dotze diners
la testa els feia fumar només
i a gust, perquè a qui l'escapçava
810 primerament l'interrogava,
demanant: "*Penses que faig broma?*
Tens el meu cap?" "*Sí, i tant, com ploma.*"-
li responia el vilatà,
mostrant buida, creia, la mà;
815 mes plena era amb cucs i escurçons,
per nigromància fets dons.
Trobant-se amb un assassinat
pel nas feia eixir fum fumat
dels morts, que no podia ser,
820 després de prometre-ho primer.
També quan volia befar
feia al palau enllumenar
(això ho he vist jo que així ho feia)
cohibint tothom de tanta teia.
825 Veiéssiu munts d'homes fugir,
lluny de palau amb gran tragí!
I en quan eren a llurs cases,
com lliures d'aclucalls d'uns ases,
tombant-se no veien cap llum.
830 Creient haver perdut el rumb,
es veien per folls els sensats.
I en tornar, per assegurats,
amb tot, tremolant dins la sala,
hi veien monjos fins l'escala
835 i monges, cascuna amb un d'ells,
penjant-los uns corns als clatells,
que uns els volien i altres no;

Li rois mande un encanteor ;
ne savoit on a icel jour
nul millor trover ne son per.
Tres bien faisoit home tranler,
de la piere faisoit fromages,
 encanteres estoit molt sages.
Les bués faisoit en l'air voler
et les asnes faisoit harper.
Qui li donast .XII. deniers,
sa teste trencast volentiers ;
 tantost com il l'avoit trencie
et a home l'avoit baillie,
demandoit lui : « Ai toi gabé ?
As tu ma teste ? — Oïl, par Dé ! »
çou li respondoit li vilains ;
 quant il regardoit en ses mains,
trovoit u laisarde u culuevre :
par ingremance faisoit l'oevre.
Quant il ert en grant assanlee,
de son nés issoit la fumee
 tele c'on nel peüst veoir
ne ja son estre apercevoir ;
tantost com il voloit souffler,
faisoit le palais alumer
(çou lor ert vis que çou faisoit) ;
 molt les tenoit en grant destroit.
Lors veïssiés homes fuïr
hors del palais por aus garir.
Quant issent hors de la maison,
lors le tienent por mal bricon,
 et quant regardoient arriere,
ne veoient nule lumiere.
Por fol se tient li plus senés !
Arrier est cascuns retornés
dedens la sale, qui ains ains.
 Moines veoient et nonains :
cascune none tient son moine
sor son col et un coutel troine.
Or le voient et or nel voient.

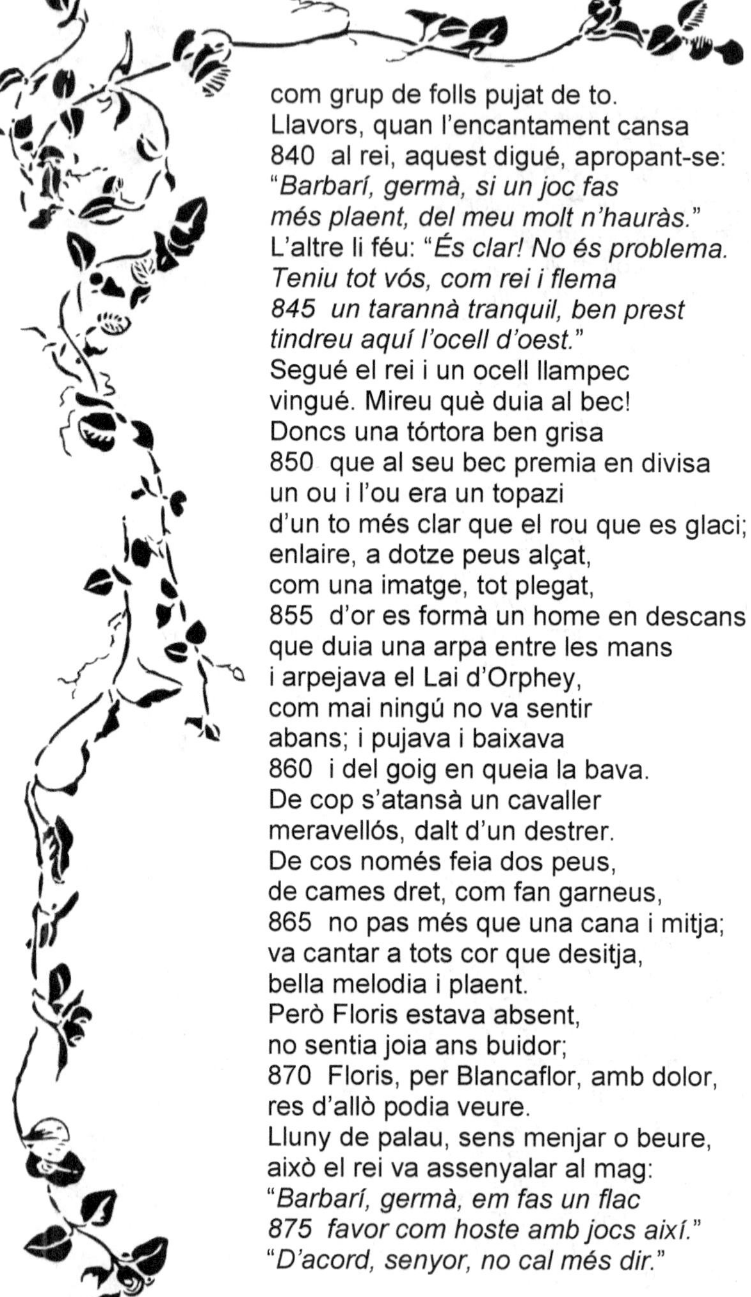

com grup de folls pujat de to.
Llavors, quan l'encantament cansa
840 al rei, aquest digué, apropant-se:
"*Barbarí, germà, si un joc fas*
més plaent, del meu molt n'hauràs."
L'altre li féu: "*És clar! No és problema.*
Teniu tot vós, com rei i flema
845 *un tarannà tranquil, ben prest*
tindreu aquí l'ocell d'oest."
Segué el rei i un ocell llampec
vingué. Mireu què duia al bec!
Doncs una tórtora ben grisa
850 que al seu bec premia en divisa
un ou i l'ou era un topazi
d'un to més clar que el rou que es glaci;
enlaire, a dotze peus alçat,
com una imatge, tot plegat,
855 d'or es formà un home en descans
que duia una arpa entre les mans
i arpejava el Lai d'Orphey,
com mai ningú no va sentir
abans; i pujava i baixava
860 i del goig en queia la bava.
De cop s'atansà un cavaller
meravellós, dalt d'un destrer.
De cos només feia dos peus,
de cames dret, com fan garneus,
865 no pas més que una cana i mitja;
va cantar a tots cor que desitja,
bella melodia i plaent.
Però Floris estava absent,
no sentia joia ans buidor;
870 Floris, per Blancaflor, amb dolor,
res d'allò podia veure.
Lluny de palau, sens menjar o beure,
això el rei va assenyalar al mag:
"*Barbarí, germà, em fas un flac*
875 *favor com hoste amb jocs així.*"
"*D'acord, senyor, no cal més dir.*"

Dont sorent bien que fol estoient
 quant il criement encantement.
Li rois l'apele boinement :
« Barbarin, frere, un ju me fai.
Del mien volentiers te donrai. »
Cil dist : « Volentiers, sans defois.
 Seés trestout, et vos, dans rois,
vos seés tantost et isnel.
Ja verrés venir un oisel. »
Li rois s'assist et l'oisiax vint.
Or entendés k'en son bec tint !
 Çou estoit une tourterele,
en son bec tint une roëlle.
La roëlle estoit un topace,
qui plus estoit clere que glace
et si estoit .XII. piés lee.
 Une ymage i avoit formee,
d'or estoit, grant com un vilains.
Une harpe tint en ses mains
et harpe le lai d'Orphey ;
onques nus hom plus n'en oï
et le montee et l'avalee ;
cil qui l'oent molt lor agree.
Atant es vos un chevalier
mervilleus saus sor son destrier.
De cors n'avoit mie .II. piés
 de gambes ert si alongiés
assés plus que toise et demie.
Lors cantoit clere melodie,
a grant mervelle lor plaisoit.
Flores nul point n'i entendoit.
 Trestout mainent joie et baudor,
Flores ne puet ; por Blanceflor
le ju ne pooit esgarder.
Hors du palais s'en va ester.
Tost en fist percevoir le roi :
 « Barbarin, frère, entent a moi,
oste tes jus, ne juer plus.
— Volentiers, sire, nel refus. »

Va desfer el seu encantament,
com si no hagués estat vivent.
Fou com l'avís de l'assemblea,
880 tremolà com per marea,
palau i terra van fremir,
de la por tothom emmudí;
ni els ardits van badar boca
com son que fuig quan un s'ajoca.
885   Llevat de Floris, que era lluny,
ignorant la son i el retruny
perquè l'amiga no oblidava,
finí dins seu la llarga taba,
que absent mantenia, amb: *"Dolç Floris,
890 caldrà que tornis a Montoris"*
Però Floris no es decidia,
el cor, de tristor a agonia,
l'empenyia al defalliment;
i en tornar en si deia amb lament:
895 *"Ai, dolça amiga Blancaflor*
per vós es mor amb dolor i plor
Floris" Enllà, lluny de lamentar-se,
l'apàtic palau, en comparsa,
colgà en el son petits i grans.]

890 Floris sol, mancat de descans,
pensava com es mataria
car goig per viure no tenia.
Pel lloc on era així pensant
mirava els carners del camp sant,
905 on els reis deixaven lleons
campar, i en trobà dos fellons
i pensà que allò era la via
d'entrar a la tomba tal com volia,
en ser endrapat d'aquells lleons.
910 I així ho va fer. Entrà a bocons
per l'escletxa i sens pensar, dins,
llençà un llarg prec als sants afins:
"Nostra senyora i pares sants,
dadors de béns en vostres mans

Cil deffait son conjurement,
li ju s'en vont isnelement.
 Çou ert avis a l'assanlee
que la maisons soit alumee.
La terre tranle, vis lor fu,
de la paor sont tout kaü,
n'i a si hardi qui ne tranle.
 Endormi sont desous un tranle,
fors seul Flores qui s'en issi ;
saciés que pas ne s'endormi.
S'amie ne puet oublier,
en son cuer prent a porpenser
 com el disoit : « Dous amis Floire,
aler en devés a Montoire. »
Çou raconte Flores sovent,
son cuer avoit triste et dolent,
sovent le veïssiés pasmer,
 quant revient durement crier :
 « Amie bele Blanceflor,
por vos morra a grant dolor
Flores ! » Si se va dementant.
El palais sont trestout taisant
 et se dorment grant et petit.

Flores est deseur tous maris.
Porpensa soi qu'il s'ocirroit,
car talent de vivre n'avoit.
A çou qu'il ert ensi pensans,
 esgarde et vit les fosses grans
u li rois ot mis ses lions ;
.II. en i ot fiers et felons.
Porpensa soi que la iroit
et dedens la fosse sauroit,
 as lions se feroit mangier.
La vint, ne vaut plus atargier.
Ançois que il entrast dedens,
une orison fist molt dolens :
« Damediex, peres soverains
 qui as tote cose en tes mains,

915 als homes per benevolència
que recolliu amb sapiència
d'aquells fruits que els hi heu plantat;
de tota mesa en voluntat
n'exclogueu, benignes, la poma
920 perquè va ser prohibida a l'home
i en menjà temptat pel pecat,
per'xò ens cal vostra caritat.
D'aquí que estem sempre en tenebres;
Blancaflor i jo amb sengles febres
925 d'ajuntar-nos al Camp Florit,
vulgueu m'ho sia concedit."
Floris l'oració acabà
i entrant a la fossa cridà:
"Blancaflor, bella dolça amiga
930 rep la meva vida sens fatiga!"
Floris s'oferí als lleons
i ells, posats de genolls, al fons
van caure. Senyors en la història
de Floris aquests van fer glòria,
935 tot besant-li les mans i els peus,
enmig de manyacs marrameus.
Tal cosa a Floris li pesà
i iradament els va cridar:
"Lleons, mateu-me que és de llei,
940 una pel cim de la del rei,
que vol enviar-me a Montoris.
Maneu lleons, mateu a Floris!
Si quan el rei sol prendre uns lladres
us els envia a aquestes quadres
945 actueu com obreu amb ells:
claveu, lleons, vostres dentells!"
Floris estava decebut
que els lleons haguessin perdut
la feresa. Aigualit el pla,
950 semblava que a babalà
els lleons no li feien res.
Floris digué a un d'ells: *"Lleó obès,*
és senzill, sols has de matar-me,

home fesis a ta sanlance,
aprés li donas habondance
del fruit que avoies plenté ;
tout mesis en sa volenté
 fors seulement, sire, la pome ;
icele deffendis a home.
Il en manga par son pechié,
par coi nos somes engignié.
Par çou somes en tenebror !
 Moi et m'amie Blanceflor
metés ensanle en Camp Flori,
biax sire Diex, je vos en pri. »
Flores a s'orison fenie,
en la fosse entre, molt haut crie :
 « Blanceflor, bele douce amie,
por vos vaurai perdre la vie ! »
Flores se met o les lions.
Cil se metent a genillons.
Signor, çou trovons en l'estoire
 que molt grant joie font a Floire,
les mains li baisent et les piés,
sanlant font cascuns en soit liés.
Flores les vit, si l'en pesa,
ireement les apela :
 « Lion ! lion ! ociés moi !
Mais ne serai veüs du roi :
mar m'i envoia a Montoire.
Avoi, lion ! ociés Floire !
Quant li rois seut prendre larons,
 ses aviés vos a livrisons.
Or ensement me devourés.
Lion ! lion ! car m'ociés ! »
Flores ot le cuer molt dolent.
Les lions fiert hardiement
 des puins, autre armure n'i a.
Nus des lions ne l'atouça
por rien que il lor sace faire.
Dist Flores : « Lion deputaire,
tort avés quant ne m'ociés,

sinó no hauré una millor arma;
955 tant fàcil que és per tu menjar,
au apa, no et facis pregar!"
De tant Floris cercar el dolor
no va sentir l'encantador,
havent-se l'encís acabat
960 ni vist cavaller desvetllat;
cap no sabia on es trobava,
com si fos part d'alguna blava.
I el rei preguntà amb trets notoris:
"Barbarí, que ja has vist Floris?"
965 *"Està tou, senyor. L'heu perdut.*
No el veureu més, sencer i galtut.
És a la fossa dels lleons"
Rei i prohoms fan reculons
esmaperduts per la notícia,
970 temen de Floris la perícia.
Llavors el rei crida rogent:
"Senyors prohoms, sens falta, urgent
aneu tots a matar els lleons!
Ai jo! Estem perduts! Què farem
975 *si perdem Floris? Quedo sem*
tot jo, en pensar-ho, només;
si l'hem perdut per mal endreç!
Ai, lleons, quin àpat més cruel
heu triat en el vostre anhel!"
980 Quan arriben al trist fossat
que, de fet, ben poc han trigat,
es troben Floris viu i estalvi,
tot, gens menjat, res que el decalvi.
En veure'l viu el fan sortir
985 del fossat fins ben lluny d'allí.

A la sala, on la mare, blanca
s'abraça al pare, ella tanca
els ulls. Floris sent fastigueig,
sols de matar-se té el planteig
990 ho farà al vespre, estant sol.
És lògic prendre aquest partit,

miex vail que uns leres assés
et molt sui mildres a mangier,
et or faites de moi dangier ! »
Flores demaine grant dolor.
Or oiés de l'encanteor.
 L'encantement a fait fenir
et les chevaliers desdormir.
Ne sevent u il ont esté,
forment se tienent a gabé.
Li rois demande Barbarin :
 « Veïstes Floire le mescin ? »
— Biax sire, oïl. Perdu l'avés.
J'espoir que ja mais nel verés :
il est en la fosse au lion. »
Li rois l'entent et li baron,
 pasmé caient el pavement,
por Flore sont trestot dolent.
Li rois commença a crier :
« Signor baron, sans demorer
alés ocirre les lions !
 Las ! caitis ! dist il, que ferons
quant nos avons Flore perdu ?
Malement nos est avenu !
Perdu l'avons sans recovrier !
Ahi ! lion ! tristre mangier
 avés ore pris vraiement ! »
A la fosse vont erranment,
que il nul point n'i demorerent.
Flore tot vif et sain troverent.
Molt sont lié quant il l'ont trové,
hors de la fosse l'ont jeté,
si l'en mainent sus en la sale.

Sa mere estoit por lui molt pale.
Ses pere et sa mere sont lié,
Flores n'ot pas le cuer haitié.
 Porpensa soi qu'il s'ocirra
ains le vespre, ja n'i faura.
Ce poise lui que il tant vit

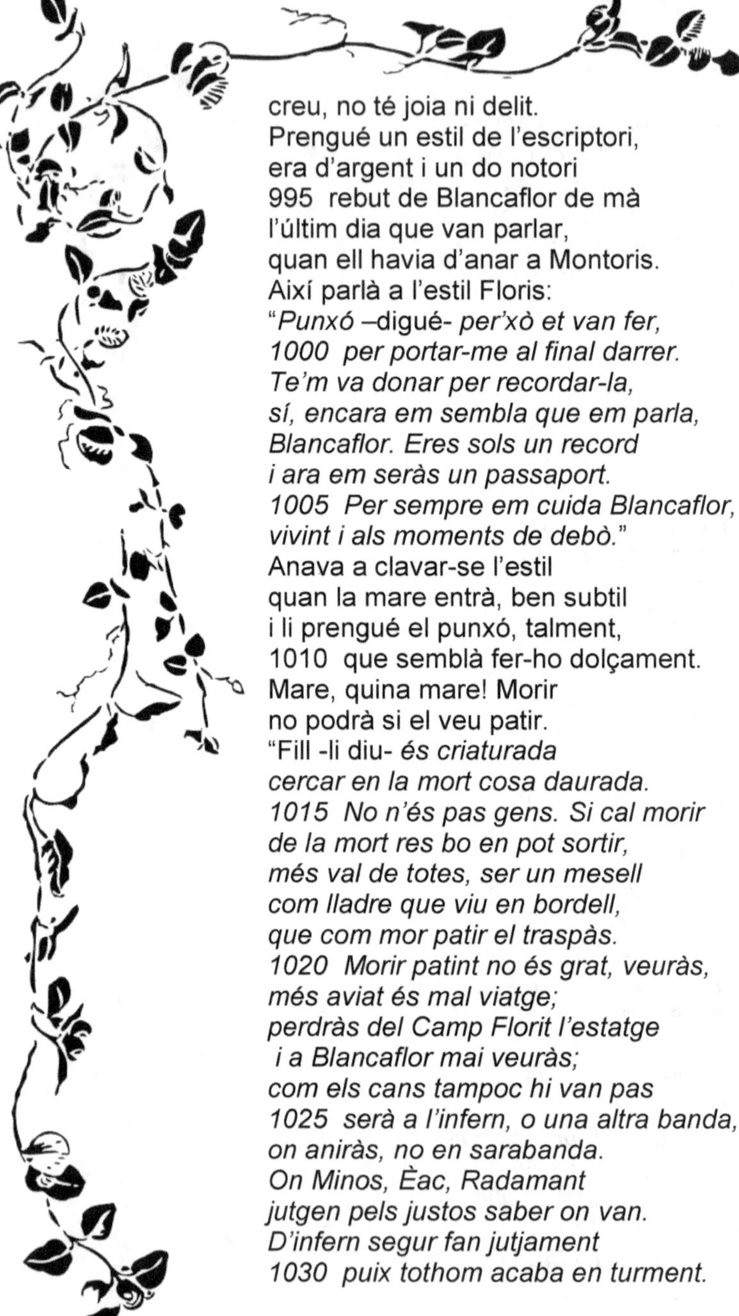

creu, no té joia ni delit.
Prengué un estil de l'escriptori,
era d'argent i un do notori
995 rebut de Blancaflor de mà
l'últim dia que van parlar,
quan ell havia d'anar a Montoris.
Així parlà a l'estil Floris:
"*Punxó –digué- per'xò et van fer,*
1000 *per portar-me al final darrer.*
Te'm va donar per recordar-la,
sí, encara em sembla que em parla,
Blancaflor. Eres sols un record
i ara em seràs un passaport.
1005 *Per sempre em cuida Blancaflor,*
vivint i als moments de debò."
Anava a clavar-se l'estil
quan la mare entrà, ben subtil
i li prengué el punxó, talment,
1010 que semblà fer-ho dolçament.
Mare, quina mare! Morir
no podrà si el veu patir.
"Fill -li diu- *és criaturada*
cercar en la mort cosa daurada.
1015 *No n'és pas gens. Si cal morir*
de la mort res bo en pot sortir,
més val de totes, ser un mesell
com lladre que viu en bordell,
que com mor patir el traspàs.
1020 *Morir patint no és grat, veuràs,*
més aviat és mal viatge;
perdràs del Camp Florit l'estatge
 i a Blancaflor mai veuràs;
com els cans tampoc hi van pas
1025 *serà a l'infern, o una altra banda,*
on aniràs, no en sarabanda.
On Minos, Èac, Radamant
jutgen pels justos saber on van.
D'infern segur fan jutjament
1030 *puix tothom acaba en turment.*

quant il n'a joie ne delit.
Un grafe trait de son grafier,
 d'argent estoit, molt l'avoit cier
por Blanceflor qui li dona
le darrain jor k'a lui parla,
quant il en ala a Montoire.
Dont parla a sa grafe Floire :
 « Grafe, fait il, por çou fus fait
Que fin mesisses a cest plait.
Moi te dona por ramembrer
de soi et a son oés garder
Blanceflor. Mais or fai que dois,
 a li m'envoie, car c'est drois.
a Molt me calenge Blanceflor,
b en ma vie trop i demor. »
En son cuer bouter le voloit ;
quant sa mere çou aperçoit,
seure li court, le grafe prent,
si le castie doucement.
 Mere que mere, por morir
ne pora mais ce doel soffrir.
« Fius, fait ele, molt es enfans
quant de ta mort es porquerans.
N'est soussiel hom, s'il doit morir
 et de la mort puisse sortir,
mix ne vausist estre mesel
et ladres vivre en un bordel
que de mort soffrir le trespas.
Fix, mort soffrir ce n'est pas gas.
 Se vos ensi vous ociés,
en Camp Flori ja n'enterrés
ne vos ne verrés Blanceflor :
cil cans ne reçoit pecheor.
Infer son calenge i metroit :
 la irés, biax fix, orendroit.
Minor, Thoas, Rodomadus,
cil sont jugeor de la jus,
en infer font lor jugement.
Cil vos metroient el torment,

Allà hi són Dido i Biblis, mortes
per amor, ambdues absortes
recorren l'infern amb llur dol,
com van fer als amants, sens consol.
1035 Els volien molt i els voldran
sempre, però no els trobaran.
Dolç fill meu, res et reconforta
i abans l'hauràs viva que morta.
Vine, et trobaré medicina
1040 que et retornarà la fadrina."
Plorant va anar al costat del rei:
"Senyor- li féu- entenc la llei,
però jo us suplico, oh gran,
la pietat pel teu infant.
1045 S'anava a matar i l'he aturat;
amb un estil, tant prop ha estat
que ha anat de poc veure'n la fi;
de la mà he tret el frenesí!"
"Senyora, - el rei diu- patiu massa.
1050 Aquest frèndol veureu com passa!"
"I he de veure'l voler morir?
Quants cops ho haurà de patir?
De fills nostres no en queden més.
Voleu jugar amb el seu decés?
1055 Així, pel país serà dit,
amb gran raó, que l'hem occit."
"Doncs, què voleu? –proposa el rei-
Que li diem?" "Doncs sí, per llei,
si a tots plegats ens voleu
1060 o bé ambdós, per un, perdreu!"
La reina, que estava exultant,
es dirigí al seu infant:
"Bon fill, primer per un alt deure
del teu pare i el meu, vam creure
1065 haver de fer la tomba gran.
Ella no hi és, sols l'important
era que l'oblidessis prou,
i presentar-te un amor nou
en la filla d'un rei ben ric

la u est Dido et Biblis,
qui por amor furent ocis,
qui par infer vont duel faisant
et en infer lor drus querant.
Eles les quierent et querront
 tos jors, ne ja nes troveront.
Biax dous ciers fix, or te conforte,
car ains l'aras vive que morte.
Jou cuit trover tel medecine
par coi revenra la mescine. »
 Plorant en est venue au roi :
« Sire, fait ele, entent a moi.
Jou te requier por Diu le grant
k'aies pitié de ton enfant.
Ja s'ocesist, quant l'aperçui,
 d'une grafe, mais tant prés fui
que ainc qu'il s'en eüst garni
des mains le grafe li toli.
— Dame, fait il, et cor souffrés !
Cest duel laira, vos le verrés.
 — Voire, fait ele, par morir !
Car il morra por çou soffrir.
 De tous enfans plus n'en avons,
et cestui de gré si perdons !
Si dira on par cest païs
 que nos de gré l'avons ocis.
 — Dame, fait il, qu'en volés vos ?
Dirons li dont ? — Biaus sire, oi nos,
car tot ensanle les avrés
u ambesdeus por l'un perdrés. »
 La dame ot lors le cuer joiant.
Repairie est a son enfant :
« Biax fix, fait ele, par engien,
par le ton pere et par le mien,
fesins cest tomblel faire ci.
 El n'i est pas, mais tot ensi
voliemes que tu l'oubliasses
et par no consel espousaisses
la fille d'aucun rice roi

1070 que ens honorés a tots un xic.
Sols volíem que Blancaflor
et deixés lliure, a més d'allò...
que de fet era cristiana,
pobre, esclava i provinciana.
1075 Així a altra terra fou duta
i venuda, però impol·luta.
Fill, —va reblar- per déu perdona!
Tot el que he dit és cert. La zona
on és no la sabem, sap greu,
1080 però és un bon país... i lleu!"
Quan ell la sentí vingué blanc,
s'assegué cap cot en un banc
al poc mirà el seu pare,
1085i amb to greu preguntà a sa mare:
"*Senyora, és cert? La tomba és buida?*"
"*Fill, veuràs com la llosa és fluida*"
Van moure la pedra al senyal
i a dins ell ho veié un eral
1090 i donà gràcies al cel,
fent-la viva s'omplí d'anhel;
i jurà amb nova vigoria
que a cercar-la on fos aniria.
Va decidir viatjar arreu,
1095 sigui nova terra o vell freu,
no li recava. I en tornar,
amb molt més joia la durà.
El delit li fa menystenir
la duresa del nou camí.
1100 Ai, senyors, no us estranyeu pas,
qui per Amor és escarràs,
no pot obrar amb prou certesa,
perquè a tots penja igual noblesa.
Com deia el Calcida amb Plató
1105 ningú és de ningú bastó
per recolzar en allò que fa
i més si té a dins l'Amor ja.
Per'xò és feliç sabent-la viva
i ja no sent cap diatriba;

qui honerast et nos et toi.
 Nos voliemes que Blanceflor
n'eüst a toi plus nule amor,
por çou que crestiiene estoit,
povre cose de bas endroit.
En autre terre l'ont menee
 marceant qui l'ont acatee.
Fix, fait ele, por Diu, merci !
car tot est voirs çou que je di,
cest grant doel, fix, ne maine mais,
en cest païs remain en pais. »
 Quant il l'oï, si fu pensis.
Adont s'est un bien peu assis,
puis a sa mere regardé
et li a errant demandé :
« Dame, fait il, dites vos voir ?
 — Fix, fait ele, tel pués veoir. »
Atant la piere ont soslevee.
Quant il desous ne l'a trovee,
Diu en rent grasses et mercie
quant sot que vive estoit s'amie.
 Quant il le sot, errant jura
que il querre partout l'ira.
Molt se vante qu'il l'ira querre,
ja n'ert en si sauvage terre
qu'il ne le truist ! Puis revenra,
 a grant joie le ramenra.
Sa joie li fait oublier
tot le travail de li trover.
Signor, ne vos esmervilliés,
car qui d'Amors est justiciés,
 çou cuide faire certement
dont s'esmervellent molt de gent.
C'est en Calcide et en Platon
que pas ne cuidera nus hom
qu'estre puist fait çou que fera
 cil qui d'amors espris sera.
De çou qu'est vive fait grant joie
et dist qu'il ne li caut qui l'oie,

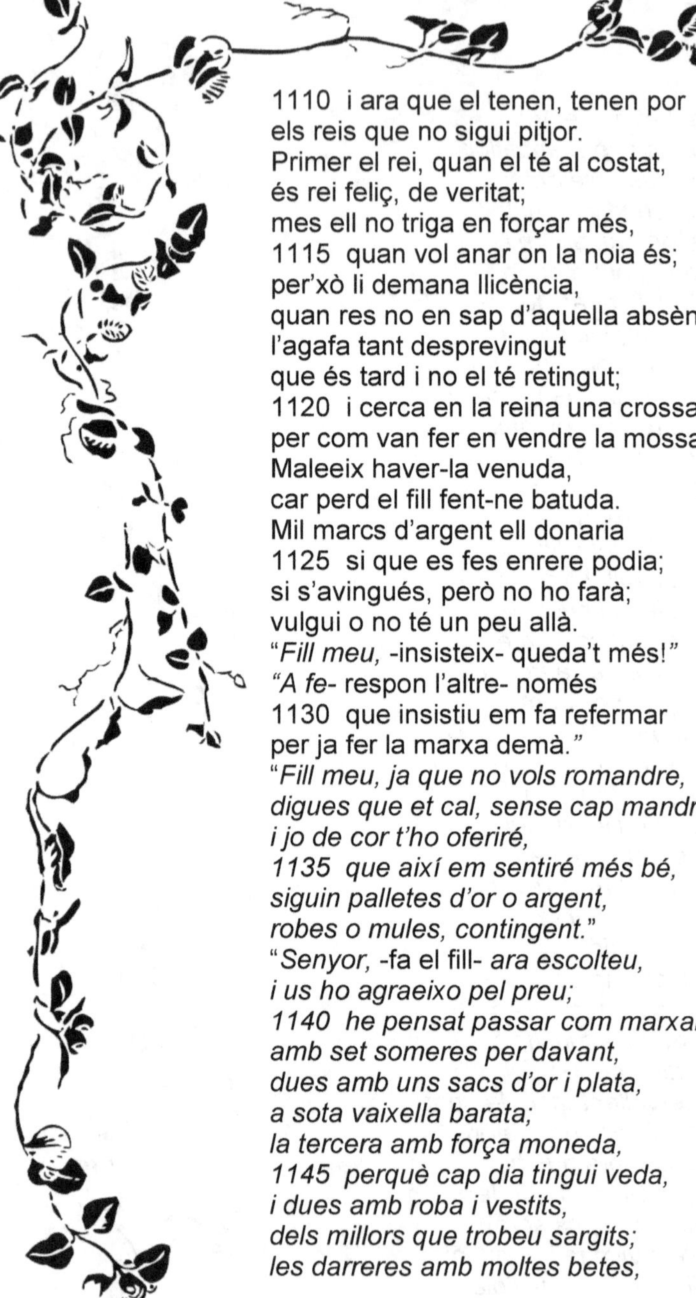

1110 i ara que el tenen, tenen por
els reis que no sigui pitjor.
Primer el rei, quan el té al costat,
és rei feliç, de veritat;
mes ell no triga en forçar més,
1115 quan vol anar on la noia és;
per'xò li demana llicència,
quan res no en sap d'aquella absència;
l'agafa tant desprevingut
que és tard i no el té retingut;
1120 i cerca en la reina una crossa
per com van fer en vendre la mossa.
Maleeix haver-la venuda,
car perd el fill fent-ne batuda.
Mil marcs d'argent ell donaria
1125 si que es fes enrere podia;
si s'avingués, però no ho farà;
vulgui o no té un peu allà.
"Fill meu, -insisteix- queda't més!"
"A fe- respon l'altre- només
1130 *que insistiu em fa refermar*
per ja fer la marxa demà."
"Fill meu, ja que no vols romandre,
digues que et cal, sense cap mandra,
i jo de cor t'ho oferiré,
1135 *que així em sentiré més bé,*
siguin palletes d'or o argent,
robes o mules, contingent."
"Senyor, -fa el fill- ara escolteu,
i us ho agraeixo pel preu;
1140 *he pensat passar com marxant:*
amb set someres per davant,
dues amb uns sacs d'or i plata,
a sota vaixella barata;
la tercera amb força moneda,
1145 *perquè cap dia tingui veda,*
i dues amb roba i vestits,
dels millors que trobeu sargits;
les darreres amb moltes betes,

que por noient s'en peneroit
li rois, que ja autre n'aroit.
Es le vos au roi revenu ;
li rois liés et joians en fu
quant il le vit, et puis irié
a quant il li demande congié
 d'aler querre la damoisele,
quant il de li ne set novele
ne ne set dire ne penser
u il le doie querre aler.
Le consel blasme a la roïne
par cui il vendi la mescine.
L'eure maudist que fu vendue,
car son fil pert quant l'a perdue.
 .M. mars d'argent por li donroit
et quank'ot arriere rendroit
s'il le trovoit ; mais non fera,
voelle u non s'en consïerra.
« Fix, fait li rois, cor remanés !
 — Par foi, fait il, grant tort avés :
com plus mon oirre hasterés,
et moi et li plus tost rarés.
 — Fix, quant remanoir ne volés,
dites u querre le devés,
 car vostre volenté ferai,
çou que mestiers ert vos donrai,
ciers pailes et or et argent,
biax dras et mules en present.
 — Sire, fait il, or m'escoutés,
 vostre merci, et si l'orrés :
comme marceans le querrai,
 .VII. somiers avoec moi menrai,
les .II. cargiés d'or et d'argent
et de vaissiaus a mon talent,
 le tiers de moneés deniers,
car tos jors me sera mestiers,
et les .II., sire, de ciers dras,
des millors que tu troveras,
es daarrains de sebelines,

de cares panes prou completes;
1150 set homes amb set someres
i tres cocs de bones culleres,
que nostre menjar facin cuit
i els cavalls guardin sens descuit.
Vostre camarlenc, majestat,
1155 concediu-me'l, si us plau, de grat
car coneix com vendre i fer tractes
i dóna bons consells i exactes.
Serà el nostre hàbil torsimany
allà on ens durà nostre afany;
1160 que si no el poguéssim tenir
per cap mercaderia en si
n'obtindrem guanys segurament,
puix la revendrem malament."
L'infant clou les seves raons
1165 i el rei fou gentil en els dons
de tota aquella impedimenta.
Quan el comiat s'hi presenta
el rei va fer portar la copa
que per Blancaflor aquella tropa
1170 va donar: "Fill –li diu- també
porta això i ella hauràs més bé;
és part del guany de la venuda."
"De qui? " "De Blancaflor, ta druda."
El rei li donà un palafrè
1175 que segons com era morè
d'un costat i de l'altre blanc,
i aquell també semblava sang.
El sota sella amb pell curada
com per escaquer treballada.
1180 Sella i arçó brillants de greix,
com ho és del mar qualsevol peix.
Llurs colors entre indi i vermell,
cap és natural com aquell,
meravellosa entalladura
1185 d'or, seure-hi era posar cura.
I la flassada de la sella
era d'un bru clar de Castella,

de cieres pennes marterines,
et .VII. homes as .VII. somiers,
et avoec moi .III. escuiers
qui nostre mangier porquerront
et nos cevaus nos garderont.
 Vostre cambrelenc, sire roi,
s'il vos plaist, envoiés o moi,
car bien set vendre et acater
et au besoing consel doner.
Partot sera nostre okisons
 nostre marcié querant alons.
Et se nos le poons avoir
por nul marcié de nostre avoir,
nos en donrons molt largement,
puis revenrons hastivement. »
 Li enfes fine sa raison.
Et li rois fu molt gentix hom,
trestot li a aparillié.
Quant vint au prendre le congié,
li rois la coupe a demandee
 qui por Blanceflor fu donee :
« Fix, fait il, cesti porteras.
Puet estre que por li aras
celi qui por li fu vendue.
— Sire, qui ? — Blanceflor, ta drue. »
Li rois li done un palefroi
a qui siens estoit, o le conroi,
qui d'une part estoit tos blans
de l'autre rouges comme sans.
La soussele ert d'un paile cier,
 tres bien ovree a eskekier.
Toute la sele et li arçon
fu de la coste d'un pisson.
Sa colors est inde et vermelle
naturelment ; a grant mervelle
 en est faite l'entailleüre,
li ors assis par molt grant cure.
La covreture de la sele
ert d'un brun paile de Castele,

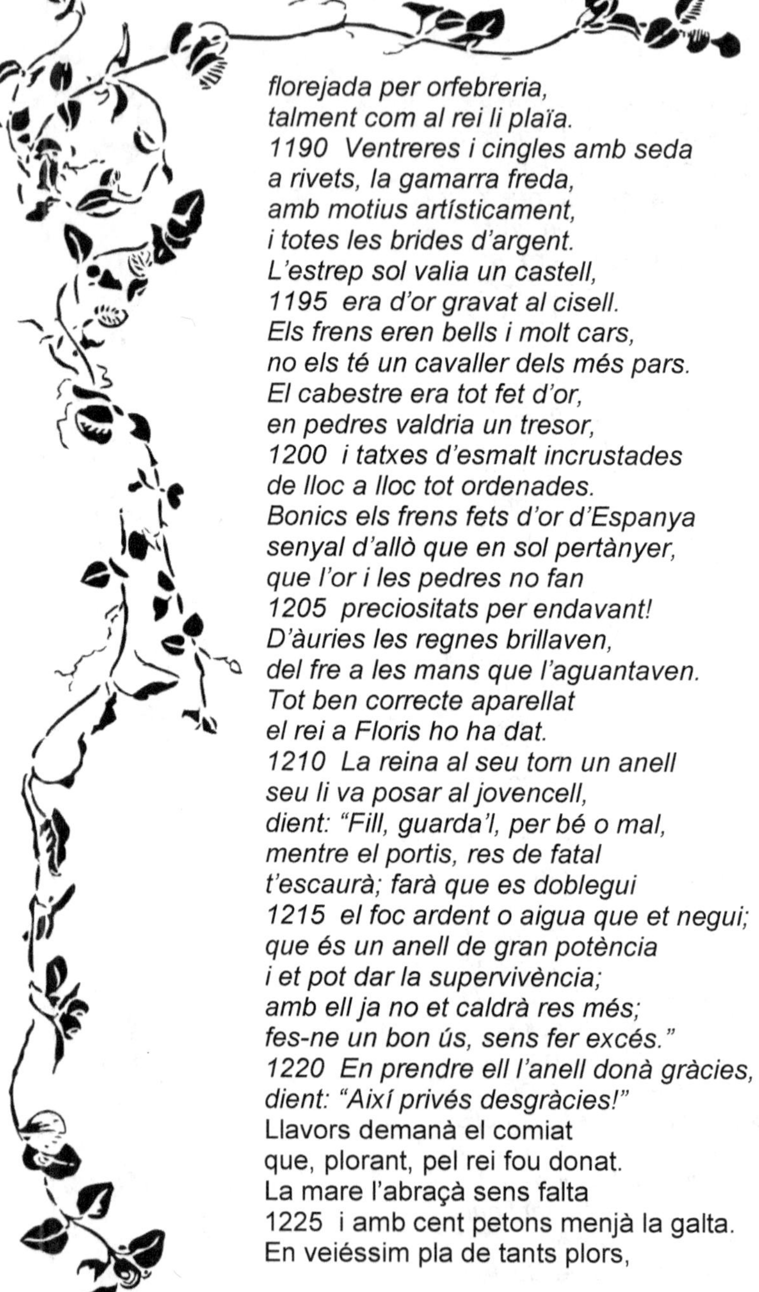

florejada per orfebreria,
talment com al rei li plaïa.
1190 Ventreres i cingles amb seda
a rivets, la gamarra freda,
amb motius artísticament,
i totes les brides d'argent.
L'estrep sol valia un castell,
1195 era d'or gravat al cisell.
Els frens eren bells i molt cars,
no els té un cavaller dels més pars.
El cabestre era tot fet d'or,
en pedres valdria un tresor,
1200 i tatxes d'esmalt incrustades
de lloc a lloc tot ordenades.
Bonics els frens fets d'or d'Espanya
senyal d'allò que en sol pertànyer,
que l'or i les pedres no fan
1205 preciositats per endavant!
D'àuries les regnes brillaven,
del fre a les mans que l'aguantaven.
Tot ben correcte aparellat
el rei a Floris ho ha dat.
1210 La reina al seu torn un anell
seu li va posar al jovencell,
dient: "Fill, guarda'l, per bé o mal,
mentre el portis, res de fatal
t'escaurà; farà que es doblegui
1215 el foc ardent o aigua que et negui;
que és un anell de gran potència
i et pot dar la supervivència;
amb ell ja no et caldrà res més;
fes-ne un bon ús, sens fer excés."
1220 En prendre ell l'anell donà gràcies,
dient: "Així privés desgràcies!"
Llavors demanà el comiat
que, plorant, pel rei fou donat.
La mare l'abraçà sens falta
1225 i amb cent petons menjà la galta.
En veiéssim pla de tants plors,

tote floree a flors d'orfrois ;
 tel le voloit avoir li rois.
Les estrivieres et les çaingles
de soie, avoec les contreçaingles
lacies mervilleusement ;
toutes les boucles sont d'argent.
Li estrier valent un castel,
d'or fin sont ovré a noiel.
Li frains est molt biaus et molt ciers,
onques n'ot millor chevaliers.
La caveceüre estoit d'or,
les pieres valent un tresor
qui a blanc esmail sont assises
de lius en lius par entremises.
 Li frains si est de l'or d'Espaigne ;
et saciés miex en vaut l'ovraigne
que l'ors ne les pieres ne font,
que toutes precïeuses sont.
Les resnes de fin or estoient
 de la u du frain departoient.
Trestout ensi aparillié
l'a li rois a Flore baillié.
Et la roïne son anel
a mis el doit au damoisel :
 « Fix, fait ele, or le gardés bien ;
tant con l'arés, mar cremés rien,
a fers ne vos porra entamer
b ne fus ardoir, n'eve noier.
c Fius, cest anel a grant poissance,
d si en poés avoir fiance
que vos ja rien ne requeriés
que tost u tart tot ne l'aiés. »
Il prent l'anel, si l'en mercie
 et dist : « Encor l'avra m'amie ! »
Atant a congié demandé.
Li rois en plorant l'a doné.
A sa mere ra pris congié
et elle l'a .C. fois baisié.
La les veïssiés molt plorer,

de prémer punys i el llavis gros,
quin dol s'alçà tot el matí,
ni que els veiessin tots morir!.
1230 Quan Floris de ciutat sortia
hom pregà tingués bona via.

Un cop amb la ciutat ja enrere
col·locà els homes en filera,
seguint del camarlenc consell
1235 per protegir bé l'aparell.
I ja al port van cercar a l'atzar
per on Blancaflor es va fer al mar;
el van recórrer tot a peu
fins que un burgès, de tot arreu,
1240 amb molts lligams i cases grans,
digué saber de molts marxants.
Van deixar els cavalls a l'estable
pascuts de civada fiable,
i a aquell hàbil fou comandat
1245 treure del burgès l'entrellat;
hi ha afers i coses feres
on calen més certes maneres.
De l'amo prou bon resultat
van obtenir, per tot plegat;
1250 pa i vi que el millor els van dur,
i un breu sopar, també i sgur.
Van passar com a mercaders;
bé ho semblaven per tot l'endreç.
Llur senyor era Floris, van dir,
1255 pel demble prou es veia així.
En deferència el seient
del sopar tingué preferent;
estovalles i rentamans
fou senyal d'àpat dels d'abans;
1260 l'hostaler, que es deia Ricard,
s'assegué entre ells familiar,
i els honorà amb sopar senzill,
mes digne del millor cabdill.
La taula amb repàs mercantil,

lor puins tordre, lor crins tirer,
et tel duel faire au departir
com sel veïssent dont morir.
Atant s'en est Flores alés ;
 de tos fu a Diu commandés.

Es le vos hors de la cité,
ses homes a bien atorné.
Il et li cambrelens consellent
et lor jornees apparellent.
 Au port voelent primes aler
u Blanceflor entra en mer.
Tant ont erré qu'il sont venu
ciés un borgois et descendu
qui maisons ot larges et grans
 a herbregier les marceans.
Quant li ceval establé sont,
fuerre et avaine a plenté ont ;
et cil a cui fu commandé
as estaus del bourc sont alé,
 chars i acatent des plus cieres
qu'il ont trovees de manieres,
car li sire a bien commandé
qu'il en aient a grant plenté,
et pain et vin en font porter ;
 molt aprestent rice souper.
Marceant dient que il sont,
por lor marcié mer passeront.
Flores dient k'est lor signor,
siens est l'avoirs, n'est mie lor.
 Quant il furent asseüré
et lor mangier ont apresté,
napes font metre et vont laver,
puis si s'assïent au souper.
Li ostes, c'on clamoit Richier,
 s'assist avoec tot sans dangier.
Il l'onera molt et tint chier
et semont sovent de mangier.
La table fu molt marceande,

1265 tingué vianda, essent gentil,
i els varen servir molt bé els cocs,
amb prou vins negres, blancs i grocs,
en copes i anaps fets d'argent
pel moscat i licor pigment.
1270 El mercader va escarrassar-se
en atipar aquella comparsa;
sovint lloant els dots del vi
a nom d'Hostal sant Martí,
amb unànime agraïment.
1275 Floris, que per Blancaflor sent,
no serà pel vi que l'oblida,
abans ell perdria la vida.
Això sí una por li prenia,
fent-lo sospirar nit i dia,
1280 ignorant què feia amb la mà,
com ara, tenint vi o pa.
L'amfitriona, que el mirava,
veia trets que el senyor obviava.
"Senyor – etzibà- heu vist el noi?
1285 Es conté tot, com un heroi;
deixa de menjar per pensar,
fins i tot l'he vist sospirar.
Pel meu cap no és marxant; prohom
més aviat, cercant quelcom."
1290 I se li adreça amb aquestes:
"Senyor, esteu absort, no per festes!
Durant l'àpat us he mirat,
heu menjat poc, molt heu pensat.
Allò que heu pres d'aquest tiberi
1295 és més lleuger que un refrigeri.
Sols a una altra he vist jo,
algú que es deia Blancaflor
(així em va dir ella que es deia);
bufant com vós, com xemeneia.
1300 Semblen traces de vostra edat;
si era vostre viu retrat!.
També enlloc de menjar pensava,
que un gran amic seu li faltava;

grant plenté i ot de viande.
 Tres bien les servent li sergant,
vin aportent a espandant ;
en coupes, en hanas d'argent
aportent cler vin et piument.
Li marceant travillié furent,
 assés i mangiere et burent,
sovent dient por le bon vin
que il ont l'ostel saint Martin.
Cil se deduisent lïement,
Flores a Blanceflor entent,
 por le boin vin pas ne l'oublie,
sans li ne prise rien sa vie.
Por li sovent s'entroublioit
et parfondement souspiroit,
et ne donoit garde a sa main
 se il prendoit u car u pain.
L'ostesse l'a bien regardé,
du keute a son signor bouté :
« Sire, fait ele, avés veü
com cius enfes s'a contenu ?
 Son mangier laist por le penser,
sovent le voi molt souspirer.
Par mon cief, n'est pas marceans,
gentix hom est, el va querans.
Dont a l'enfant a raison mis :
 « Sire, fait el, molt es pensis.
A cest mangier t'ai esgardé :
poi as mangié, molt as pensé.
Çou que as pris de cest mangier
seroit legier a eslegier.
 Autretel vi jou l'autre jor
de damoisele Blanceflor
(Ensi se noma ele a moi) :
el vos resanle, en moie foi,
bien poés estre d'un eage,
 si vos resanle du visage.
Ensement au mangier pensoit
et un sien ami regretoit,

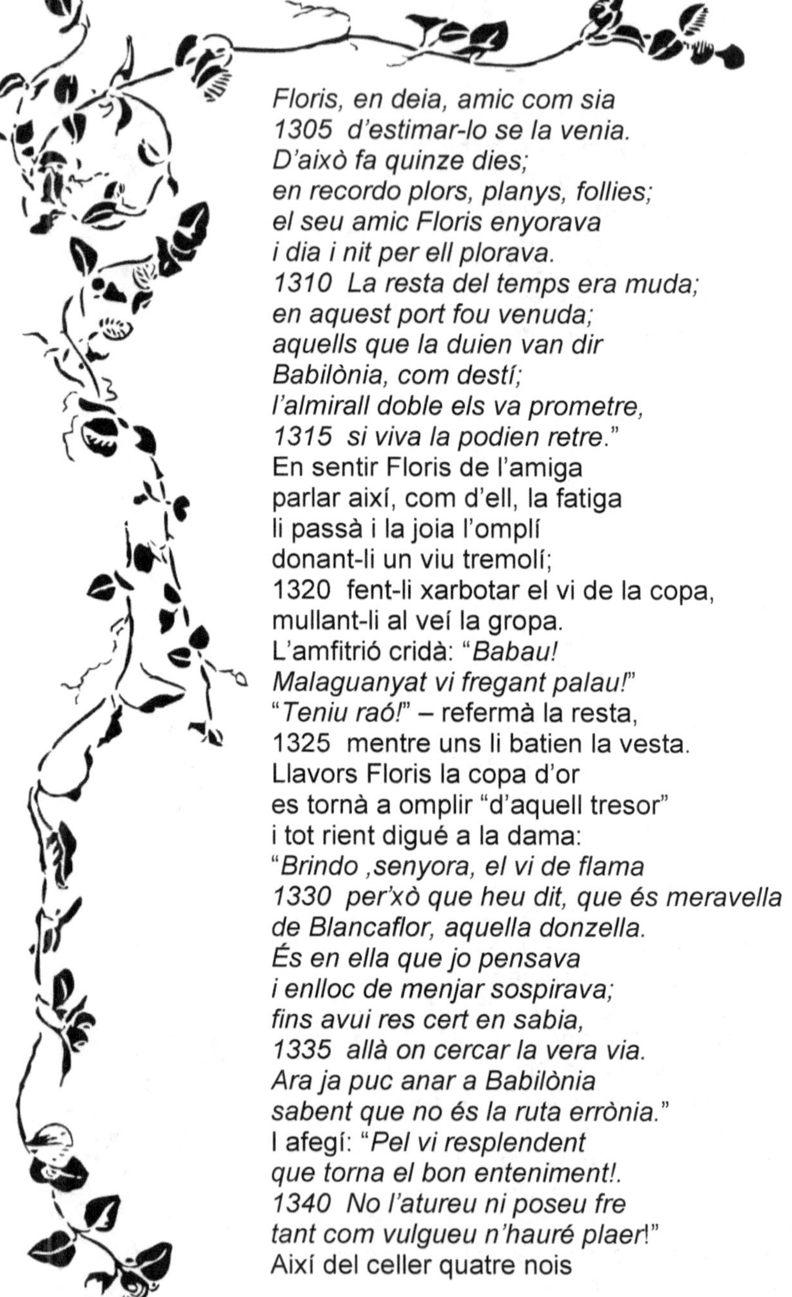

Floris, en deia, amic com sia
1305 d'estimar-lo se la venia.
D'això fa quinze dies;
en recordo plors, planys, follies;
el seu amic Floris enyorava
i dia i nit per ell plorava.
1310 La resta del temps era muda;
en aquest port fou venuda;
aquells que la duien van dir
Babilònia, com destí;
l'almirall doble els va prometre,
1315 si viva la podien retre."
En sentir Floris de l'amiga
parlar aixì, com d'ell, la fatiga
li passà i la joia l'omplí
donant-li un viu tremolí;
1320 fent-li xarbotar el vi de la copa,
mullant-li al veí la gropa.
L'amfitrió cridà: "Babau!
Malaguanyat vi fregant palau!"
"Teniu raó!" – refermà la resta,
1325 mentre uns li batien la vesta.
Llavors Floris la copa d'or
es tornà a omplir "d'aquell tresor"
i tot rient digué a la dama:
"Brindo ,senyora, el vi de flama
1330 per'xò que heu dit, que és meravella
de Blancaflor, aquella donzella.
És en ella que jo pensava
i enlloc de menjar sospirava;
fins avui res cert en sabia,
1335 allà on cercar la vera via.
Ara ja puc anar a Babilònia
sabent que no és la ruta errònia."
I afegí: "Pel vi resplendent
que torna el bon enteniment!.
1340 No l'atureu ni poseu fre
tant com vulgueu n'hauré plaer!"
Això del celler quatre nois

Flore, cui amie ele estoit ;
por lui tolir on le vendoit.
 Ele fut çaiens .XV. jors,
ses regrés fu adés en plors.
Flore son ami regretoit,
et nuit et jor por lui ploroit.
Fors de cest dit tos jors ert mue.
 Ele fu a cest port vendue.
Cil qui l'acaterent disoient
k'en Babiloine l'en menroient,
de l'amiral tant en aroient
qu'il au double i gaaigneroient. »
 Quant Flores s'amie ot nommer
et de li certement parler,
de la joie tos s'esbahi,
ainc n'en sot mot, si abati
le vin qui devers lui estoit
 a un coutel que il tenoit.
L'ostes s'escrie : « Il est fourfais !
Amendés nos sera cix plais.
— Çou est voirs ! » çou dient trestuit,
car lié en sont por le deduit.
 Flores une coupe d'or fin
a fait emplir de molt bon vin,
tous liés a la dame le tent :
« Iceste, fait il, vos present
por çou que m'avés dit novele
 de Blanceflor la damoisele.
Por li est çou que jou pensoie
a cest mangier et souspiroie,
et por içou que ne savoie
quel part jou querre le devoie.
 Or le sivrai en Babiloine,
ne le lairai por nul essoine. »
Aprés dist : « Li vins respandus
bien est raisons qu'il soit rendus.
Tant en faites sor moi venir
 com il vos venra a plaisir. »
Atant es quatre pautoniers

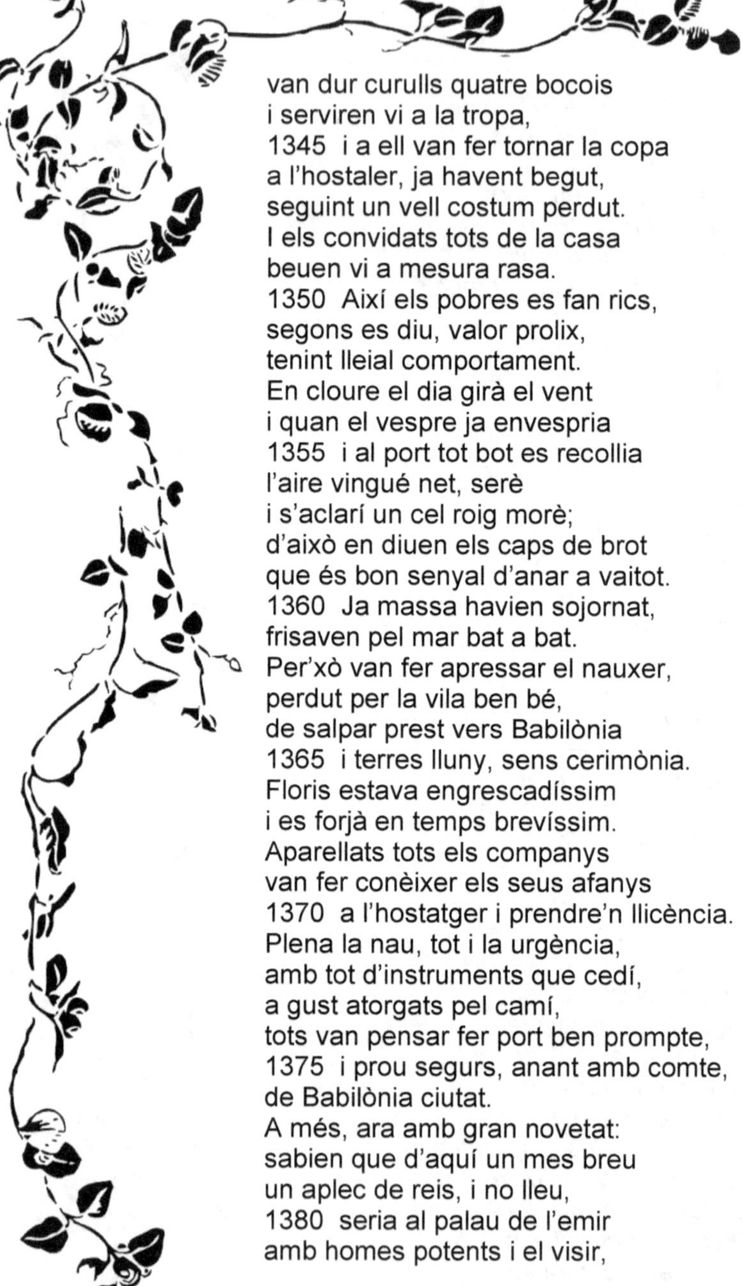

van dur curulls quatre bocois
i serviren vi a la tropa,
1345 i a ell van fer tornar la copa
a l'hostaler, ja havent begut,
seguint un vell costum perdut.
I els convidats tots de la casa
beuen vi a mesura rasa.
1350 Així els pobres es fan rics,
segons es diu, valor prolix,
tenint lleial comportament.
En cloure el dia girà el vent
i quan el vespre ja envespria
1355 i al port tot bot es recollia
l'aire vingué net, serè
i s'aclarí un cel roig morè;
d'això en diuen els caps de brot
que és bon senyal d'anar a vaitot.
1360 Ja massa havien sojornat,
frisaven pel mar bat a bat.
Per'xò van fer apressar el nauxer,
perdut per la vila ben bé,
de salpar prest vers Babilònia
1365 i terres lluny, sens cerimònia.
Floris estava engrescadíssim
i es forjà en temps brevíssim.
Aparellats tots els companys
van fer conèixer els seus afanys
1370 a l'hostatger i prendre'n llicència.
Plena la nau, tot i la urgència,
amb tot d'instruments que cedí,
a gust atorgats pel camí,
tots van pensar fer port ben prompte,
1375 i prou segurs, anant amb comte,
de Babilònia ciutat.
A més, ara amb gran novetat:
sabien que d'aquí un mes breu
un aplec de reis, i no lleu,
1380 seria al palau de l'emir
amb homes potents i el visir,

k'en aportent .IIII. sestiers.
Boire li donent par amende,
puis li dient la coupe rende
a l'oste quant avra beü.
Il en boit, puis li a rendu.
Et li autre par la maison
de vin boivent par contençon.
Li plus povres se tint a rice
 et de grant hardement s'afice.
Cil se deduisent lïement.
Atant es vos torné le vent.
Li vespres ert bien avesprés
et li flos tos au port montés.
 Li airs est clers, nés et seris,
et li ciex trestous esclarcis ;
ce dient li maistre des nés
du vent aront tos plains lor trés.
Longement sejorné i ont
 et de passer desirant sont.
a Dont font crier li notonnier
b par la vile qu'aillent cargier
c cil qui en Babiloine iront
d et es terres qui dela sont.
Flores quant l'ot molt s'en fait liés ;
de l'aler s'est aparilliés.
Quant son conroi ot acuité,
a son oste a du sien doné,
a puis prent a son oste congié,
b a la nef vient, si a cargié.
 Son estrumant a molt proié,
et il li a bien otroié
que a cel port l'arivera,
dont il plus tost venir porra
en Babiloine la cité,
 car on li a dit et conté
que des icel jor en un mois
i assanlera cascuns rois
qui de l'amiral terre tiennent :
trestout ensanle a sa cort vienent,

per unes festes molt luxoses.
*"Si hi fóssim, sense angunioses
presses -es deien- tant vendríem
1385 nostres cabals com guanyaríem."*

Brisa a favor i aire ben clar
feien bo de mar avançar,
com preses del mateix ressort
les naus varen eixir de port
1390 deixant enrere la bocana
per fendir la salada plana;
convidats pel vent popular
va portar Floris a alta mar.
A la nau posà parament
1395 com convé a fill de rei, talment
i vuit dies van navegar
sense trobar terra ni humà.
El novè dia van fer peu
a Baudàs, la ciutat sens preu,
1400 que sobreïx d'una roca baixa
on el port, més alt s'hi encaixa;
i amb tot, en un dia prou clar
s'hi veu cent llegües mar enllà.
Que bé va trobar el timoner,
1405 de la ciutat el bon sender!
Això era el requisit normal
d'embarcat Floris, al final;
perquè així, en sols quatre dies,
sense gaires més vagueries,
1410 va entrar a temps de totes maneres
a Babilònia amb someres.
I allí indagà per la promesa,
repartint amb prou soltesa
vinc marcs d'or fi i tants vint d'argent;
1415 i mentre ho feia, joiosament,
titllava el lloc de paradís,
puix de fet en aquell país
comptava retrobar l'amiga,
passats terra i mar amb fatiga.

a une feste qu'il tenra.
« S'adont, fait il, estoie la,
mes toursiaus puet estre vendroie,
si cuit que jou i gaigneroie. »

Li vens fu boins, l'air orent cler,
 atant se sont empaint en mer ;
a retraiant, por avoir bort,
toutes les nés issent du port.
Le tref ont tost desharneskié
et sus dusc'a torés sacié ;
 li vens s'i prent quis fait errer,
atant es Flore en haute mer.
En la nef a mis tel conroi
com il convient a fil de roi.
.VIII. jors tos plains par mer erra
 que nule terre ne trova.
Au nueme jor sont arivé
tot droit a Baudas la cité,
qui sist sor une roce bise,
desor le port en haut assise.
 D'illoec puet on quant il fait cler
.C. liues loing veïr en mer.
Bien sot tenir li notonier
a la cité le droit sentier :
çou est li pors dont le requist
 Flores, quant en la mer se mist.
D'illoec porra en .IIII. jours
d'iver, que on tient as plus cours,
venir, se il n'a destourbiers,
en Babiloine o ses somiers.
 Icil sa promesse demande,
et il li done boine et grande :
.XX. mars d'or fin et .XX. d'argent
li fist doner joiousement,
car vis li est k'en paradis
 l'a mis quant il est el païs
u s'amie cuide trover
que il siut par terre et par mer.

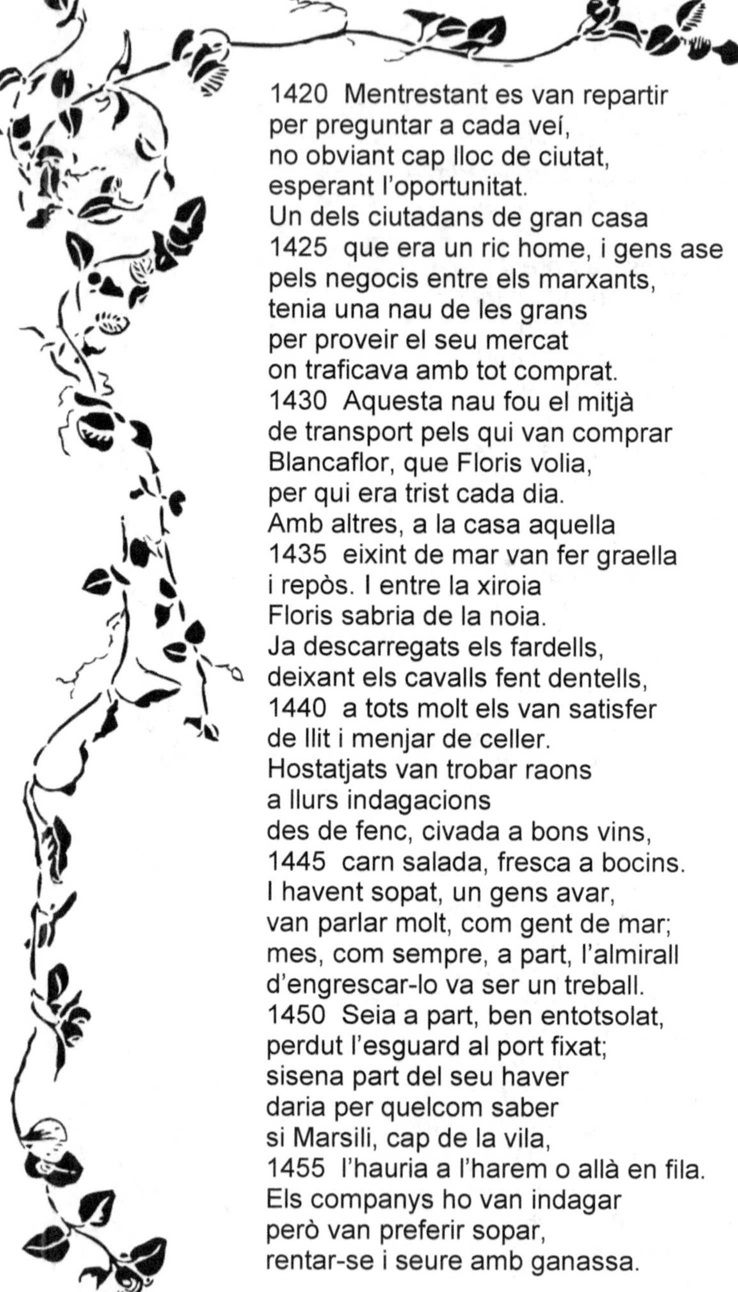

1420 Mentrestant es van repartir
per preguntar a cada veí,
no obviant cap lloc de ciutat,
esperant l'oportunitat.
Un dels ciutadans de gran casa
1425 que era un ric home, i gens ase
pels negocis entre els marxants,
tenia una nau de les grans
per proveir el seu mercat
on traficava amb tot comprat.
1430 Aquesta nau fou el mitjà
de transport pels qui van comprar
Blancaflor, que Floris volia,
per qui era trist cada dia.
Amb altres, a la casa aquella
1435 eixint de mar van fer graella
i repòs. I entre la xiroia
Floris sabria de la noia.
Ja descarregats els fardells,
deixant els cavalls fent dentells,
1440 a tots molt els van satisfer
de llit i menjar de celler.
Hostatjats van trobar raons
a llurs indagacions
des de fenc, civada a bons vins,
1445 carn salada, fresca a bocins.
I havent sopat, un gens avar,
van parlar molt, com gent de mar;
mes, com sempre, a part, l'almirall
d'engrescar-lo va ser un treball.
1450 Seia a part, ben entotsolat,
perdut l'esguard al port fixat;
sisena part del seu haver
daria per quelcom saber
si Marsili, cap de la vila,
1455 l'hauria a l'harem o allà en fila.
Els companys ho van indagar
però van preferir sopar,
rentar-se i seure amb ganassa.

Atant sont mis hors li toursel,
recargié sont tost et isnel,
 et sont venu a la cité
que tant avoient desiré.
Ciés un borgois sont herbergié
qui rices hom ert u marcié
et notoniers et marceans.
 Une nef ot qui estoit grans,
par coi demenoit son marcié
et u erroit quant ert cargié.
Dedens icele nef passerent
li marceant qui acaterent
 Blanceflor, que Flores queroit,
por cui issi dolans estoit.
En sa maison cele nuit jurent
quant il hors de mer issu furent.
a Par lui, çou cuit, rorra novele
b Flores illoec de la pucele.
Il font destorser lor torsiaus,
 puis establerent lor cevaus ;
molt les fisent bien aaisier
et de litiere et de mangier.
En cel ostel molt bien troverent
trestout içou qu'il demanderent,
fain et avaine et de boins vins,
char salee, freske et poucins.
Lor mangier fisent molt haster
car travillié sont de la mer.
Li pors estoit a l'amirail ;
 maint home i a eü travail.
U soit a droit u soit a tort,
tot lor estuet doner au port
la siste part de lor avoir
et puis jurer qu'il dient voir,
a et rendre toute a dam Marsile
b cil qui maistres est de la vile.
 Quant cel avoir orent rendu
et lor mangiers aprestés fu,
I vont laver, puis sont assis.

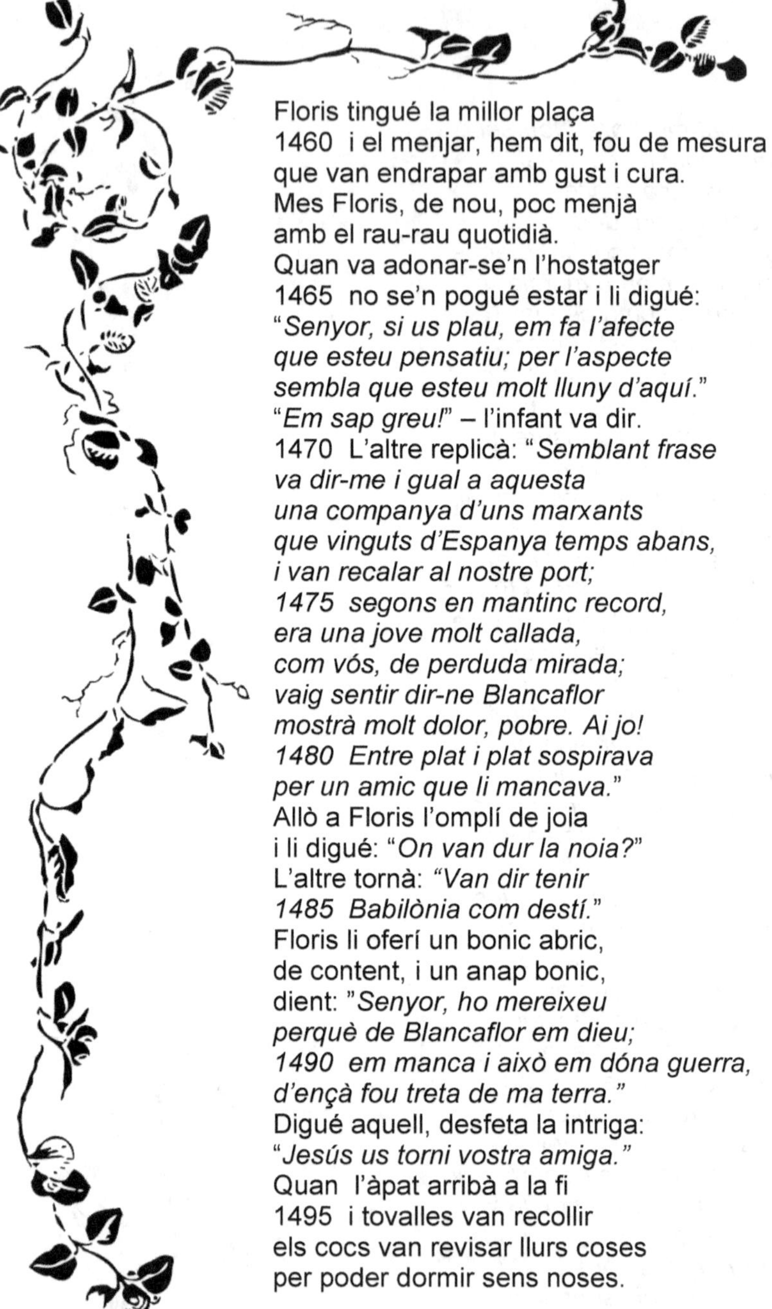

Floris tingué la millor plaça
1460 i el menjar, hem dit, fou de mesura
que van endrapar amb gust i cura.
Mes Floris, de nou, poc menjà
amb el rau-rau quotidià.
Quan va adonar-se'n l'hostatger
1465 no se'n pogué estar i li digué:
"Senyor, si us plau, em fa l'afecte
que esteu pensatiu; per l'aspecte
sembla que esteu molt lluny d'aquí."
"Em sap greu!" – l'infant va dir.
1470 L'altre replicà: *"Semblant frase*
va dir-me i gual a aquesta
una companya d'uns marxants
que vinguts d'Espanya temps abans,
i van recalar al nostre port;
1475 segons en mantinc record,
era una jove molt callada,
com vós, de perduda mirada;
vaig sentir dir-ne Blancaflor
mostrà molt dolor, pobre. Ai jo!
1480 Entre plat i plat sospirava
per un amic que li mancava."
Allò a Floris l'omplí de joia
i li digué: *"On van dur la noia?"*
L'altre tornà: *"Van dir tenir*
1485 Babilònia com destí."
Floris li oferí un bonic abric,
de content, i un anap bonic,
dient: *"Senyor, ho mereixeu*
perquè de Blancaflor em dieu;
1490 em manca i això em dóna guerra,
d'ençà fou treta de ma terra."
Digué aquell, desfeta la intriga:
"Jesús us torni vostra amiga."
Quan l'àpat arribà a la fi
1495 i tovalles van recollir
els cocs van revisar llurs coses
per poder dormir sens noses.

Et plus bel liu ont Flore mis.
A mangier ont molt ricement,
 si mangierent molt lïement.
Mais Flores molt petit manga
por s'amie dont il pensa.
Li ostes l'a aperceü
qu'il n'est pas liés, quant l'a veü :
 « Sire, fait il, çou m'est avis,
por vostre avoir estes pensis,
por la coustume qui est grant.
— Jou pens tot el », çou dist l'enfant.
Li ostes dist : « Tot autretel
 vi jou l'autrier en cest ostel.
Ci vint l'autrier une compaigne
de marceans, jou cuit, d'Espaigne,
et amenerent a cest port,
ce m'est avis, se voir recort,
 une pucele o eus avoit
qui ensement se contenoit ;
a jou l'oï nomer Blanceflor ;
b en ma nef mena grant dolor.
Ensi au mangier sospiroit
et un sien ami regretoit. »
Flores est liés de la novele :
 « U menerent il la pucele ? »
Cil respont : « Quant de ci tornerent,
en Babiloine s'en alerent. »
Flores li done un boin mantel
et un hanap d'argent molt bel :
 « Sire, fait il, çou voel k'aiés
et Blanceflor gré en saciés,
car çou saciés, li vois jo querre.
Emblee me fu en ma terre. »
L'ostes li dist, si l'en mercie :
 « Jesus vos renge vostre amie ! »
Quant de mangier sont souffissant,
les napes ostent li serjant.
Dont font lor lis aparillier,
puis si se sont alé coucier.

Floris té el cos al llit i vetlla
pel de Blancaflor que el desvetlla;
1500 si ha dormit ha estat un xic!
Quan al matí es féu bonic
despertà tots els companys,
avivant-los amb mil planys.
Prest van veure el primer teulat
1505 de Babilònia ciutat;
i es va fer fosc, en un moment,
i en trobar un bon allotjament,
van romandre-hi fins el matí,
quan de nou, fent el seu camí,
1510 i ja a ciutat, finit el dia,
van vendre un xic mercaderia,
en aquell punt els va ser dit
dels que tant havien seguit.
Adreçats ja el dia tercer,
1515 cap un braç de mar costaner
que al país en diuen Infern
i Montfeliç, costat intern,
tot de rics castells van trobar
on fera gent poblava el pla.
1520 No tenien planxa ni pont,
suplerts per guals des d'una font
però a la riba un corn penjat
d'un pal era el porter celat.
S'anava al corn i s'hi bufava
1525 i un barquer s'hi acostava.
Tant bon punt el greu corn sentia
el més veloç de torn venia.
Aquell cop vingué en un lleny vell
i recollí nostre donzell;
1530 mentre el sergent i els escuders
eren a la nau, per després,
esperant per salpar tot fent temps,
mercadejant com passatemps.
El barquer es mirava l'infant,
1535 li semblà gentil, un instant,

Quant Flores dort, et ses cuers velle,
o Blanceflor jue et conseille,
mais s'il dormi, ce fu petit.
Au matinet, quant le jor vit,
ses compaignons a esvillié
 et il se sont aparillié.
Ens el droit cemin sont entré
vers Babiloine la cité.
Cele nuit a un ostel jurent,
u il molt bien herbergié furent,
 et l'endemain, bien par matin,
se remetent en lor cemin.
La nuit se resont herbergié
en une vile u ot marcié.
La oïrent de li parler :
 par illoec le virent passer.
Au tierc jor, devant l'avesprer,
parvinrent a un brac de mer ;
l'Enfer le noment el païs.
De l'autre part fu Monfelis,
 castiax rices u cil manoient
qui la gent outre conduisoient.
Il n'i avoit planke ne pont,
car trop erent li gué parfont,
mais au rivage un cor avoit
 qui a un pel pendus estoit ;
li venant a cel cor cornoient
et le notonier apeloient.
Quant cil cornent et il les ot,
si vient au plus tost que il pot.
 Li maistres sist en un batel,
o soi cuelli le damoisel,
li serjant o les escuiers
en la nef traient les somiers.
Atant commencent a nagier
 et marceant et notonier.
Li maistres esgarde l'enfant ;
gentix hom sanle a son sanlant.

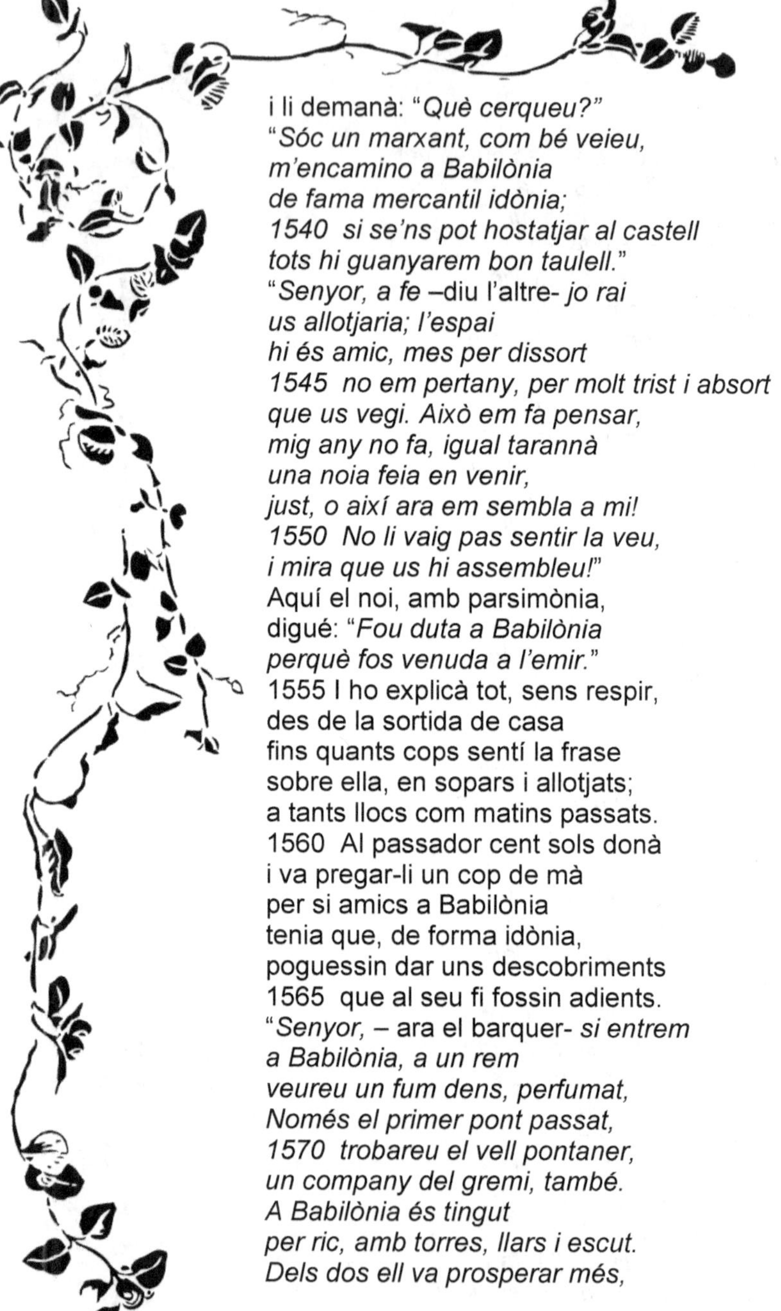

i li demanà: "Què cerqueu?"
"Sóc un marxant, com bé veieu,
m'encamino a Babilònia
de fama mercantil idònia;
1540 si se'ns pot hostatjar al castell
tots hi guanyarem bon taulell."
"Senyor, a fe –diu l'altre- jo rai
us allotjaria; l'espai
hi és amic, mes per dissort
1545 no em pertany, per molt trist i absort
que us vegi. Això em fa pensar,
mig any no fa, igual tarannà
una noia feia en venir,
just, o així ara em sembla a mi!
1550 No li vaig pas sentir la veu,
i mira que us hi assembleu!"
Aquí el noi, amb parsimònia,
digué: "Fou duta a Babilònia
perquè fos venuda a l'emir."
1555 I ho explicà tot, sens respir,
des de la sortida de casa
fins quants cops sentí la frase
sobre ella, en sopars i allotjats;
a tants llocs com matins passats.
1560 Al passador cent sols donà
i va pregar-li un cop de mà
per si amics a Babilònia
tenia que, de forma idònia,
poguessin dar uns descobriments
1565 que al seu fi fossin adients.
"Senyor, – ara el barquer- si entrem
a Babilònia, a un rem
veureu un fum dens, perfumat,
Només el primer pont passat,
1570 trobareu el vell pontaner,
un company del gremi, també.
A Babilònia és tingut
per ric, amb torres, llars i escut.
Dels dos ell va prosperar més,

94

Il li demande : « U errés vous ?
— Marceans sui, ce veés vous.
En Babiloine voel aler
et por vendre et por acater.
S'en cest castel ostel avés,
anuit mais nous i ostelés.
— Par foi, sire, fait il, si ai.
Volentiers vos herbergerai.
Mais, biax amis, por cel disoie
que morne et pensiu vos veoie.
Tot ensement vic jou owan,
n'a mie encore demi an,
çaiens une pucele entrer
et trestout ensement penser.
Ne sai se li apartenés,
par ma foi, vos le resanlés. »
Quant il l'oï, son chief dreça :
« Sire, fait il, et u ala ?
— En Babiloine fu menee
et l'amiraus l'a acatee. »
Trestot ensi li a conté,
tant que il furent arivé,
o lui l'a le nuit herbergié,
tant c'au matin a pris congié.
A son oste .C. sols dona
et en aprés molt li pria,
s'a Babiloine ami eüst
qui de riens aidier li peüst,
que par enseigne li mandast
qu'il au besoing le consillast.
« Sire, fait il, ains que viegnois
en Babiloine, troverois
un flun molt lé et molt parfont.
Quant en arés passé le pont,
dont troverés le pontenier.
Mes compains est, de mon mestier.
En Babiloine est rices hom,
grant tour i a et fort maison.
De nos .II. pors somes compaing,

1575 dels guanys en sabé fer diners.
Li portareu aquest anell,
de part meva i només a ell;
demaneu-li allò que us cal
i crec que us allotjarà igual."
1580 Van fer gest d'acomiadar-se
on el pont començava a alçar-se,
i on un arbre creixia dret
vers al cap del pont a pleret;
allà trobà aquell, assegut
1585 damunt d'un marbre cantellut.
Tot i l'ombra es veia vestit
ricament, amb trets d'home ardit.
Ningú passar el pont gosaria
si quatre sous no li cedia
1590 (i a cavall quatre més, si pot)
Floris va saludar el burot,
tot posant-hi uns déus en tropell;
li donà llavors l'anell,
com ensenya del company gris,
1595 i li pregà que l'acollís,
després d'haver-se presentat
i d'oferir-li l'amistat.
Aquell l'anell va reconèixer,
forçant-li un escalf aparèixer,
1600 i mentre l'anell es guardava
el forà a la dona enviava
perquè l'acollís gentilment;
li indicà la torre, un moment,
i el castell, lluny de multitud.
1605 Per l'anell fou molt ben rebut
i allotjat ben còmodament
pel temps que volgués, certament.
Floris ara era a la ciutat
que tant havia desitjat:
1610 i hostatjat a ca'l seu burot!
Rebria en consells un pegot,
en saber ja que es proposava
a la ciutat, front la gran trava

par mi partomes le gaaing.
Icest anel li porterés
et de moie part li dirés
 qu'il vos conseut mix qu'il porra.
Jou cuit qu'il vos herbergera. »
Atant se sont de lui parti.
Au pont viennent a mïedi.
Desous un arbre l'ont trové
 qu'il ot au cief du pont planté.
La le troevent u siet sous l'arbre,
sor un perron qui fu de marbre.
Son cors ot ricement vestu,
preudome pert quant l'ont veü.
 Ja a cel pont hom ne passast,
.IIII. deniers ne li donast,
et puis .IIII. cil a ceval.
Flores salue le vassal ;
de tous les diex l'a salué
 et puis li a l'anel doné,
ensegne de son compaignon
qu'il le herbert en sa maison
et a son besoing le conseut,
si com il s'amour avoir veut.
 Cil a bien l'anel conneü,
receü l'a, molt liés en fu.
Le sien anel li a baillié,
a sa feme l'a envoié
que le herbert por soie amor.
 Puis li a mostree sa tour.
Es les vos el castel venus.
Por l'anel fu bien reçeüs,
herbergiés fu molt lïement,
estables i ot a talent.
 Or est Flores en la cité
u estre avoit tant desiré,
herbergiés ciés le pontenier.
De consel a molt grant mestier,
car ja soit çou que venus soit
a la cité qu'il desiroit,

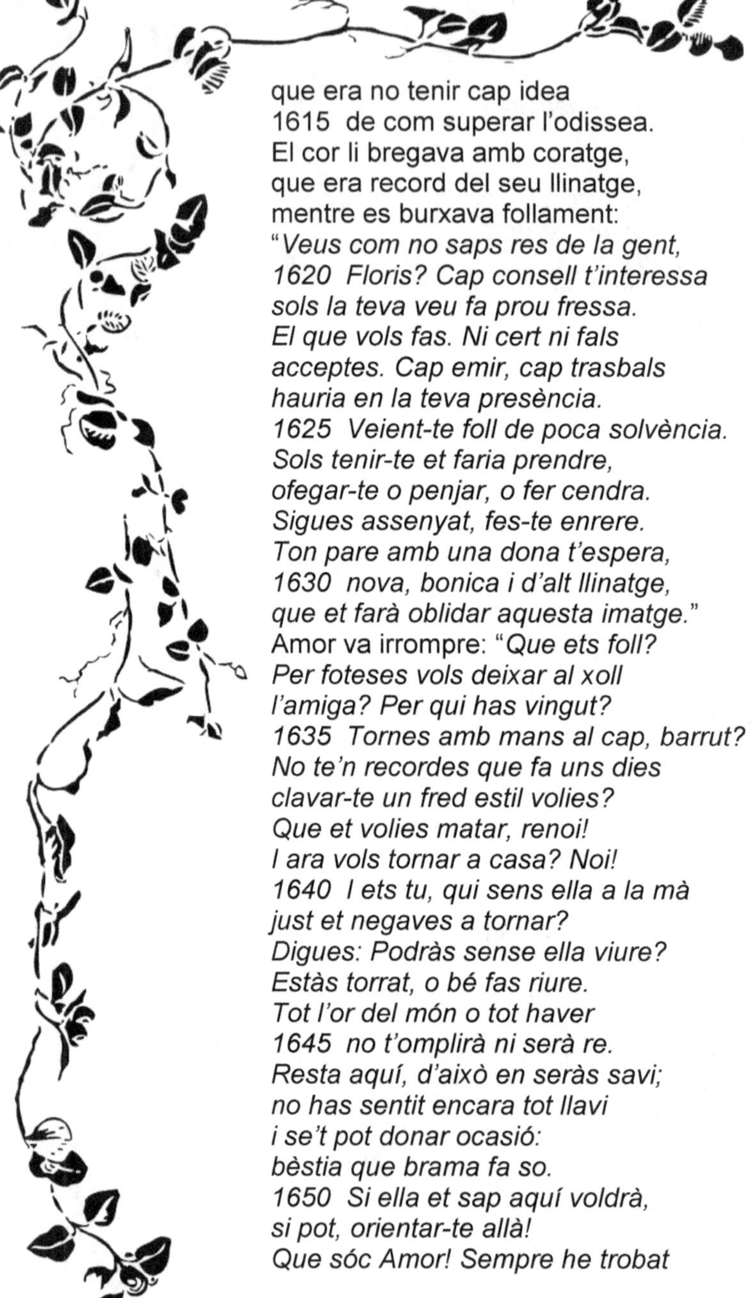

que era no tenir cap idea
1615 de com superar l'odissea.
El cor li bregava amb coratge,
que era record del seu llinatge,
mentre es burxava follament:
"Veus com no saps res de la gent,
1620 Floris? Cap consell t'interessa
sols la teva veu fa prou fressa.
El que vols fas. Ni cert ni fals
acceptes. Cap emir, cap trasbals
hauria en la teva presència.
1625 Veient-te foll de poca solvència.
Sols tenir-te et faria prendre,
ofegar-te o penjar, o fer cendra.
Sigues assenyat, fes-te enrere.
Ton pare amb una dona t'espera,
1630 nova, bonica i d'alt llinatge,
que et farà oblidar aquesta imatge."
Amor va irrompre: "Que ets foll?
Per foteses vols deixar al xoll
l'amiga? Per qui has vingut?
1635 Tornes amb mans al cap, barrut?
No te'n recordes que fa uns dies
clavar-te un fred estil volies?
Que et volies matar, renoi!
I ara vols tornar a casa? Noi!
1640 I ets tu, qui sens ella a la mà
just et negaves a tornar?
Digues: Podràs sense ella viure?
Estàs torrat, o bé fas riure.
Tot l'or del món o tot haver
1645 no t'omplirà ni serà re.
Resta aquí, d'això en seràs savi;
no has sentit encara tot llavi
i se't pot donar ocasió:
bèstia que brama fa so.
1650 Si ella et sap aquí voldrà,
si pot, orientar-te allà!
Que sóc Amor! Sempre he trobat

il ne set ne consel nen a
comment il faire le porra.
Savoir se met en son corage,
qui li ramembre son lignage
et com il oirre folement.
Fait il : « Tu ne connois la gent,
Flores, ton consel u diras,
comment oirres et que quis as ?
Se t'en descuevres, fol seras.
U soit a certes u a gas
par aucun l'amiraus l'orroit
qui ta folie conistroit.
Se il l'ooit, toi feroit prendre
et en aprés noier u pendre.
Fai que sages, arriere va !
Tes peres feme te donra
del miex de trestout son barnage,
pucele de grant parentage. »
Amors respont : « J'oi grant folie !
Raler ? Et ci lairas t'amie ?
Dont ne venis tu por li querre ?
Sans li veus aler en ta terre !
Dont ne te membre de l'autrier,
que del graffe de ton graffier
por li ocirre te vausis,
et or penses de ton païs !
Et se tu sans li i estoies,
voelles u non, ça revenroies.
Porroies tu dont sans li vivre ?
Se tel cuides, dont es tu yvre.
Tos l'ors del mont ne tos l'avoir
ne te feroit sans li manoir.
Remain ci, que sages feras,
puet estre encor le raveras.
N'est mie legiere a garder
la beste qui se veut embler !
S'ele t'i set, engien querra ;
s'ele puet, a toi parlera.
Maint engien a Amors trové

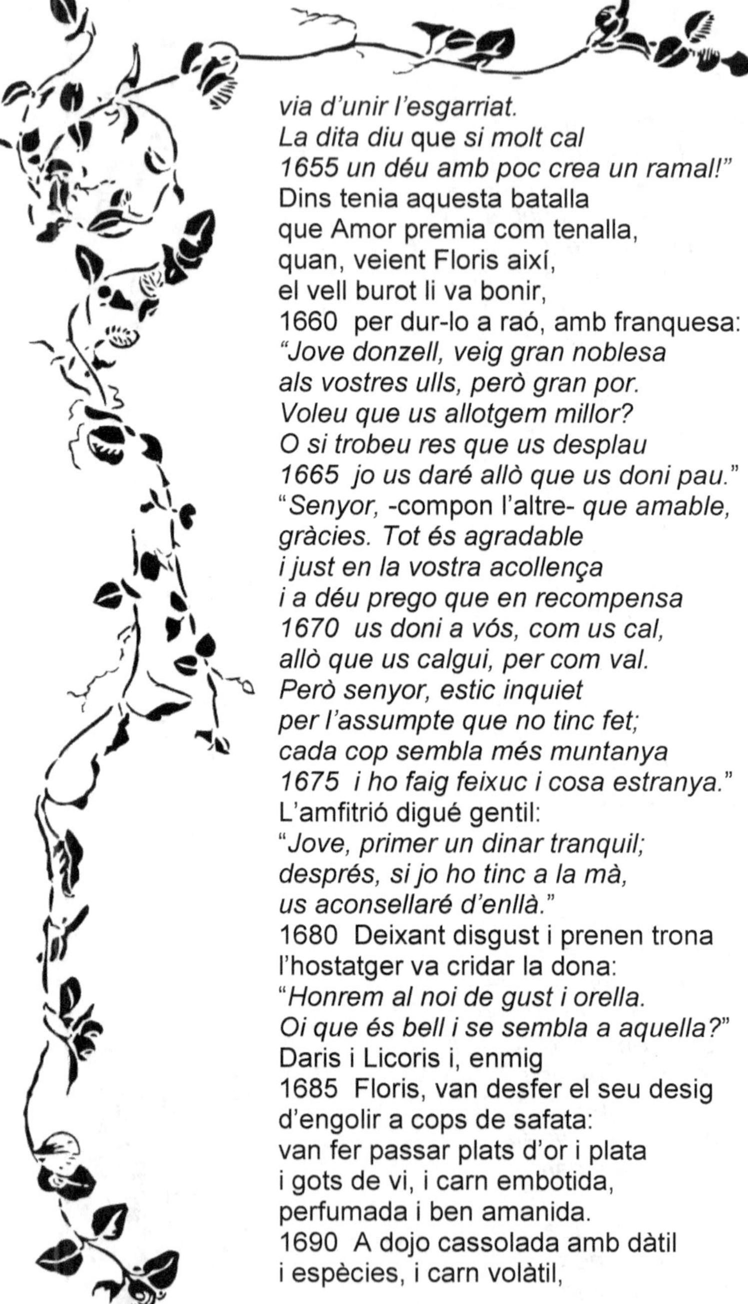

via d'unir l'esgarriat.
La dita diu que si molt cal
1655 *un déu amb poc crea un ramal!"*
Dins tenia aquesta batalla
que Amor premia com tenalla,
quan, veient Floris així,
el vell burot li va bonir,
1660 per dur-lo a raó, amb franquesa:
"Jove donzell, veig gran noblesa
als vostres ulls, però gran por.
Voleu que us allotgem millor?
O si trobeu res que us desplau
1665 *jo us daré allò que us doni pau."*
"Senyor, -compon l'altre- que amable,
gràcies. Tot és agradable
i just en la vostra acollença
i a déu prego que en recompensa
1670 *us doni a vós, com us cal,*
allò que us calgui, per com val.
Però senyor, estic inquiet
per l'assumpte que no tinc fet;
cada cop sembla més muntanya
1675 *i ho faig feixuc i cosa estranya."*
L'amfitrió digué gentil:
"Jove, primer un dinar tranquil;
després, si jo ho tinc a la mà,
us aconsellaré d'enllà."
1680 Deixant disgust i prenen trona
l'hostatger va cridar la dona:
"Honrem al noi de gust i orella.
Oi que és bell i se sembla a aquella?"
Daris i Licoris i, enmig
1685 Floris, van desfer el seu desig
d'engolir a cops de safata:
van fer passar plats d'or i plata
i gots de vi, i carn embotida,
perfumada i ben amanida.
1690 A dojo cassolada amb dàtil
i espècies, i carn volàtil,

et avoié maint esgaré.
Li vilains dist que Diex labeure,
quant il li plaist, en molt peu d'eure. »
Itel bataille en lui avoit ;
Amors forment le destraignoit.
 Atant es vos l'oste venu.
Quant a veü Floire si mu,
francement l'a mis a raison :
« Damoisiax sire, gentix hom,
estes vos de rien coureciés ?
 En'estes vos bien herbegiés ?
Se rien veés qui vos desplaise,
amendé iert, se j'en ai aise.
— Sire, fait il, vos dites bien,
vostre merci. Mais nule rien
 d'endroit l'ostel ne me desplaist,
mais a mon Diu pri qu'il me laist,
biaus dous sire, guerredoner
vostre ostage, vo bel parler.
Sire, dist il, jou sui pensis
 de mon marcié que j'ai enquis.
Molt par m'en criem que jou nel truisse
et, se le truis, k'avoir nel puisse. »
Li ostes fu molt gentix hom :
« Sire, fait il, nos mangeron ;
 aprés, se jou puis et jou sai,
volentiers vos consillerai. »
Lors le laissent, si vont mangier.
L'ostes apele sa moullier :
« Dame, honerés cest damoisel.
 Veïstes vos onques tant bel ? »
L'ostes Daires et Licoris
entr'aus .II. ont lués Flore assis.
Molt se font servir ricement
en boins vaissiaus d'or et d'argent
 cler vin et piument et claré
et boin bogeraste et anné.
De boin mangier ont a fuison
et vollilles et venison.

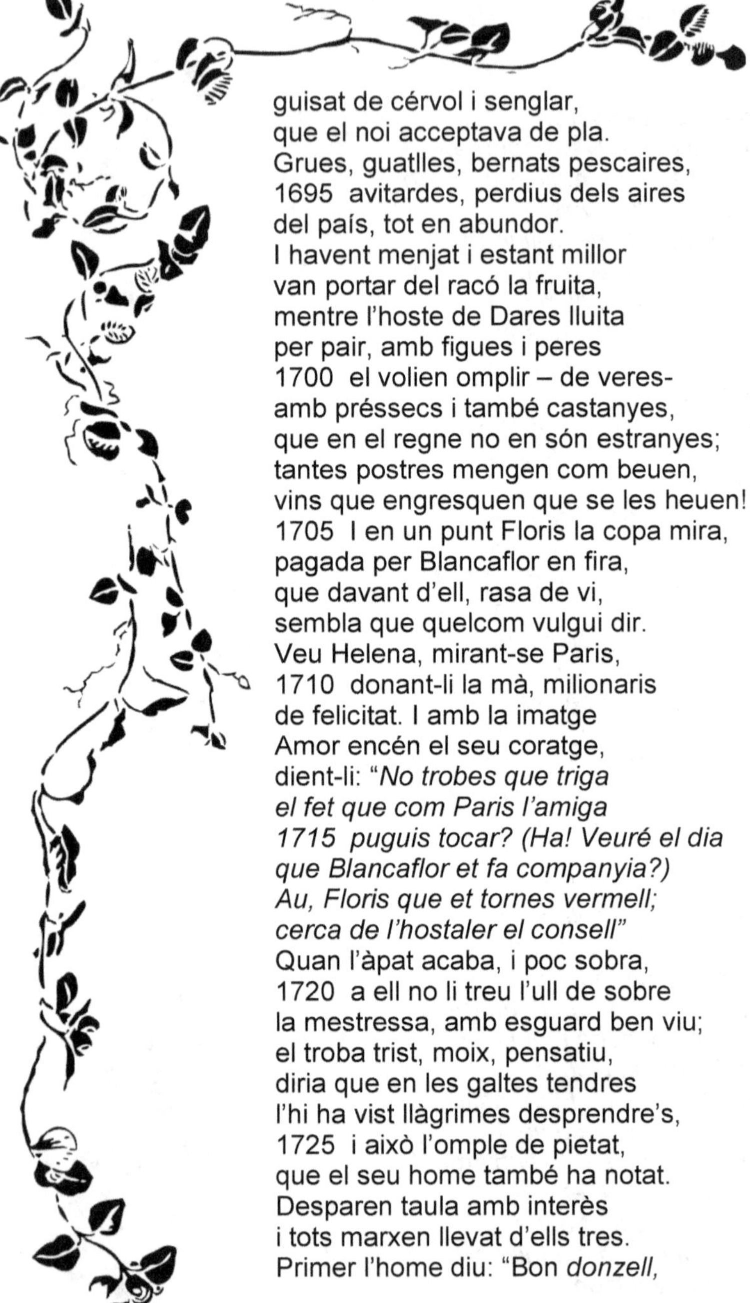

guisat de cérvol i senglar,
que el noi acceptava de pla.
Grues, guatlles, bernats pescaires,
1695 avitardes, perdius dels aires
del país, tot en abundor.
I havent menjat i estant millor
van portar del racó la fruita,
mentre l'hoste de Dares lluita
per pair, amb figues i peres
1700 el volien omplir – de veres-
amb préssecs i també castanyes,
que en el regne no en són estranyes;
tantes postres mengen com beuen,
vins que engresquen que se les heuen!
1705 I en un punt Floris la copa mira,
pagada per Blancaflor en fira,
que davant d'ell, rasa de vi,
sembla que quelcom vulgui dir.
Veu Helena, mirant-se Paris,
1710 donant-li la mà, milionaris
de felicitat. I amb la imatge
Amor encén el seu coratge,
dient-li: *"No trobes que triga*
el fet que com Paris l'amiga
1715 puguis tocar? (Ha! Veuré el dia
que Blancaflor et fa companyia?)
Au, Floris que et tornes vermell;
cerca de l'hostaler el consell"
Quan l'àpat acaba, i poc sobra,
1720 a ell no li treu l'ull de sobre
la mestressa, amb esguard ben viu;
el troba trist, moix, pensatiu,
diria que en les galtes tendres
l'hi ha vist llàgrimes desprendre's,
1725 i això l'omple de pietat,
que el seu home també ha notat.
Desparen taula amb interès
i tots marxen llevat d'ells tres.
Primer l'home diu: "Bon *donzell,*

Lardés de cerf et de sengler
 ont a mangier sans refuser,
grues et gantes et hairons,
ertris, bistardes et plongons ;
tout en orent a remanant.
Quant del mangier sont soffissant,
 adont fait aporter le fruit
li ostes Daires par deduit,
puns de grenat, figes et poires
— et avoec fu molt boins li boires ! —,
peskes, castaignes a plenté,
 car molt en ont en cel regné.
Douc fruit mangüent, douc vin boivent,
tot lié se font, si se renvoisent.
Flores a le coupe esgardee
qui por Blanceflor fu donee,
 qui devant lui fu tote plaine
de plus cler vin que n'est fontaine :
Helaine i ert, comment Paris
le tint par le main, ses amis.
El regarder qu'il fist l'ymage,
 Amors ralume son corage,
se li dist : « Or aies envie :
ci en maine Paris s'amie.
(Ha ! Diex ! verrai jou ja le jor
k'ensi en maigne Blanceflor ?)
 Diva, Floires ! aprés mangier
te doit tes ostes consillier. »
Li lons mangiers l'a bien grevé.
La dame l'a bien esgardé
k'en son corage a grant estrif.
 Tristre le voit, morne et pensif ;
aval la face clere et tendre
voit les larmes del cuer descendre.
Pitié en a, si l'a moustré
a son signor et l'a bouté.
 Les napes fait oster des dois.
Tout se lievent ne mais k'aus trois.
Puis li a dit : « Damoisiaus sire,

1730 sembleu dolgut, irat, com vell;
què us dol? Tal, no és propi d'un jove.
Digueu-m'ho, segur que s'adoba;
jo crec que us puc aconsellar,
no us quedeu a dins res malsà;
1735 no feu com veneu al detall
que es veu que no és vostre treball."
"Senyor meu, – fa Licoris- veig,
amb la mà al foc, un llampegueig
que sembla Blancaflor, en persona.
1740 Com si fos germana bessona!
Igual visatge, cos, maneig,
com d'infant, mateix sangloteig.
Crec que hi ha un parentiu i atans,
de tant prodigi són semblants.
1745 Els quinze dies que era aquí
tingué consol plorant així.
Freturant Floris, un amic,
per qui plorava, i no un xic!
La vam sentir fins marxar allà,
1750 a ca l'emir que la comprà.
I aquest n'és: o el germà o amic!"
Floris, sentint-la, hagué un fatic,
i instintivament respongué:
"Germà no ho sóc, l'amic, potser!"
1755 Però un cop dit se'n penedí:
"No amic, senyora, germà sí!
He errat, em podeu perdonar?
És ma germana i jo el germà."
"Amic –va dir Dares- no cal,
1760 als vostres ulls veig vostre mal,
voleu la noia en llibertat;
doncs en perill esteu ficat!"
"Senyor –va dir el noi- ajut!
Sóc fill de rei, i és certitud,
1765 i Blancaflor és amiga meva;
la van vendre, amb mi lluny i en treva,
amb males arts. Jo l'he seguida
per molts regnes, fins vostra eixida.

se vos avés ne duel ne ire
por coi pensés, dites le moi.
 Je vos consillerai par foi.
Vostre estre ne me celés pas :
molt me sanle que çou soit gas
que vos dras vendés a detail ;
d'autre marcié avés travail.
 — Sire, fait Licoris, par foi,
çou m'est avis, quant jou le voi,
que çou soit Blanceflor la bele.
Jou cuit qu'ele est sa suer jumele :
tel vis, tel cors et tel sanlant
 com ele avoit a cest enfant.
Jou cuit qu'il sont proçain parant,
car a merveille sont sanlant.
Ele fu çaiens .XV. jours ;
ses confors fu regrés et plors.
 Floire, un sien ami, regretoit,
et nuit et jor por lui ploroit,
quant ele de çaiens torna
et li amirals l'acata.
Cix est ses frere u ses ami. »
 Quant Flores l'ot, si s'esbahi,
isnelement li respondi
et dist : « Non frere, mais ami ! »
De çou k'ot dit se repenti :
« Mais freres, dame, jou mesdi !
 Dame, merci, oubliés iere ;
ele est ma suer et jou ses frere.
 — Amis, dist Daires, ne cremés,
par mi le voir vos en alés.
Se vos la dansele querés,
 saciés por voir con fous errés !
 — Sire, fait il, por Diu, merci,
fius de roi sui, je vos afi,
et Blanceflor si est m'amie.
Emblee me fu par envie.
 Sivie l'ai par ces regnés.
Entrepris sui et esgarés.

L'he perdut. Sóc ric d'or i argent
1770 i us en puc donar llargament,
quan us plagui aconsellar-me.
Senyors, d'això no en feu alarma,
sóc aquí i resolt; o la tinc
o en moro d'amor, i ho mantinc!"
1775 Dares replicà: "Això és fatal,
voleu morir que mai s'ho val!
Si us sóc franc no em puc pas vantar
que us sàpiga consell donar.
Si voleu escoltar el millor
1780 que us puc dir de la qüestió
(tot i que espero ho feu més bé)
és no fer res, perdreu, primer
la vida, a més, l'emir si ho sap,
us farà martiri i de cap.
1785 I us dic que cap rei del país
s'atreviria a fer un incís
ni per sous ni tampoc per força;
tal poder té que no es pot tòrcer,
ni d'enginy ni d'encantament.
1790 Millor oblideu-la, és escaient;
ni que tota la gent del món,
la que hi va ser i els que ara hi són
per força la hi volguéssim toldre
no ho sabríem com resoldre
1795 Sota seu l'emir té en justícia
cent- quaranta reis en milícia,
si li calen a Babilònia
vindran ben prest, no és cosa errònia.

Babilònia, com l'entens,
1800 pesa més que els teus pensaments.
La tanquen murs amb rases altes
l'entorn, al compàs, sense faltes
i els carreus d'un morter ben fer
que desafia els pics d'acer,
1805 fan tots junts quinze destres d'alt
que no conviden a l'assalt;

Rices hom sui d'or et d'argent,
si vos en donrai largement
se de cest plait me consilliés.
 Biau sire ciers, tos sui jugiés,
çou est la fins : u jou l'arai,
u por s'amor de duel morrai. »
Daires li dist : « Çou est damage
se vos morés por tel folage.
 De çou ne m'os jou pas vanter
que j'en sace conseil doner.
Le miex que jou en sace oiés :
se vos içou faire voliés
(mais bien sai vos nel feriés mie),
 puet estre k'en perdriés la vie,
car se l'amirals l'ooit dire,
livrer vos feroit a martire.
Il n'i a roi en cest païs,
se autretel plait avoit quis,
 qui par force ne por avoir
ja l'akievast, si com j'espoir,
ne engien ne encantement
a li ravoir ne vaut nïent.
Se trestoutes les gens del mont
 qui onques furent et or sont
par force tolir le voloient
a l'amirail, tot i fauroient.
Li amiraus a sa justise
sor .C. et .L. rois mise.
 Se il les mande en Babiloine,
tot i venront sans nul essoine.

Babiloine, si com jou pens,
dure .XX. liues de tos sens.
Li murs qui le clot n'est pas bas ;
 tot entor est fais a compas
et est fais trestous d'un mortier
qui ne doute pikois d'acier,
si a .XV. toises de haut ;
de nule part ne crient assaut.

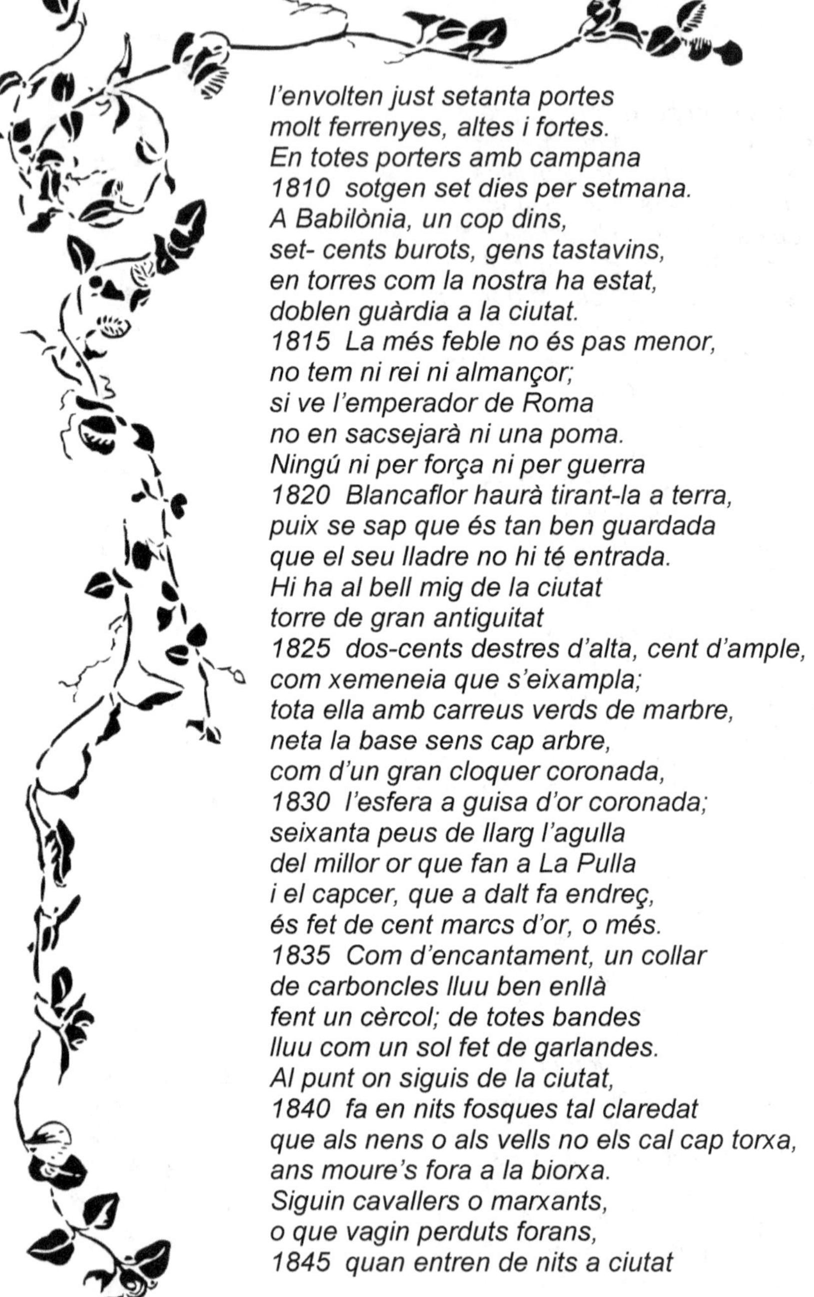

l'envolten just setanta portes
molt ferrenyes, altes i fortes.
En totes porters amb campana
1810 sotgen set dies per setmana.
A Babilònia, un cop dins,
set- cents burots, gens tastavins,
en torres com la nostra ha estat,
doblen guàrdia a la ciutat.
1815 La més feble no és pas menor,
no tem ni rei ni almançor;
si ve l'emperador de Roma
no en sacsejarà ni una poma.
Ningú ni per força ni per guerra
1820 Blancaflor haurà tirant-la a terra,
puix se sap que és tan ben guardada
que el seu lladre no hi té entrada.
Hi ha al bell mig de la ciutat
torre de gran antiguitat
1825 dos-cents destres d'alta, cent d'ample,
com xemeneia que s'eixampla;
tota ella amb carreus verds de marbre,
neta la base sens cap arbre,
com d'un gran cloquer coronada,
1830 l'esfera a guisa d'or coronada;
seixanta peus de llarg l'agulla
del millor or que fan a La Pulla
i el capcer, que a dalt fa endreç,
és fet de cent marcs d'or, o més.
1835 Com d'encantament, un collar
de carboncles lluu ben enllà
fent un cèrcol; de totes bandes
lluu com un sol fet de garlandes.
Al punt on siguis de la ciutat,
1840 fa en nits fosques tal claredat
que als nens o als vells no els cal cap torxa,
ans moure's fora a la biorxa.
Siguin cavallers o marxants,
o que vagin perduts forans,
1845 quan entren de nits a ciutat

Et tot entor a .VII _xx_, portes :
tors a desus larges et fortes.
A totes est la foire plaine
en tous les jors de la semaine.
En Babiloine ça dedens
a tors faites plus de .VII. cens
u mainent li baron casé,
qui enforcent molt la cité.
La plus foible ne la menor
ne doute roi ne aumaçor ;
neïs l'empereres de Rome
n'i feroit vaillant une pome.
Par force nus hom ne par guerre
ne porroit Blanceflor conquerre ;
encontre engien rest si gardee
par larron ne puet estre emblee.
En miliu de ceste cité
a une tor d'antiquité,
.CC. toises haute et .C. lee,
roonde comme keminee ;
tote est de vert quarrel de marbre
coverte a vause tot sans arbre,
hourdee amont comme clokier ;
li torpins est desus d'or mier.
Longe est .LX. piés l'aguille,
del millor or qui soit en Puille,
et el torpin qui est desus
a bien .C. mars d'or fin u plus.
Deseur siet par encantement
uns escarboucles qui resplent ;
assis i est par grant consel,
par nuit reluist comme solel.
Tot environ par la cité
par nuit obscure a tel clarté
que il n'estuet a nul garçon
porter lanterne ne brandon.
Soit chevaliers ne marceant,
ne autres qui rien voist querant,
e par nuit vient en la cité,

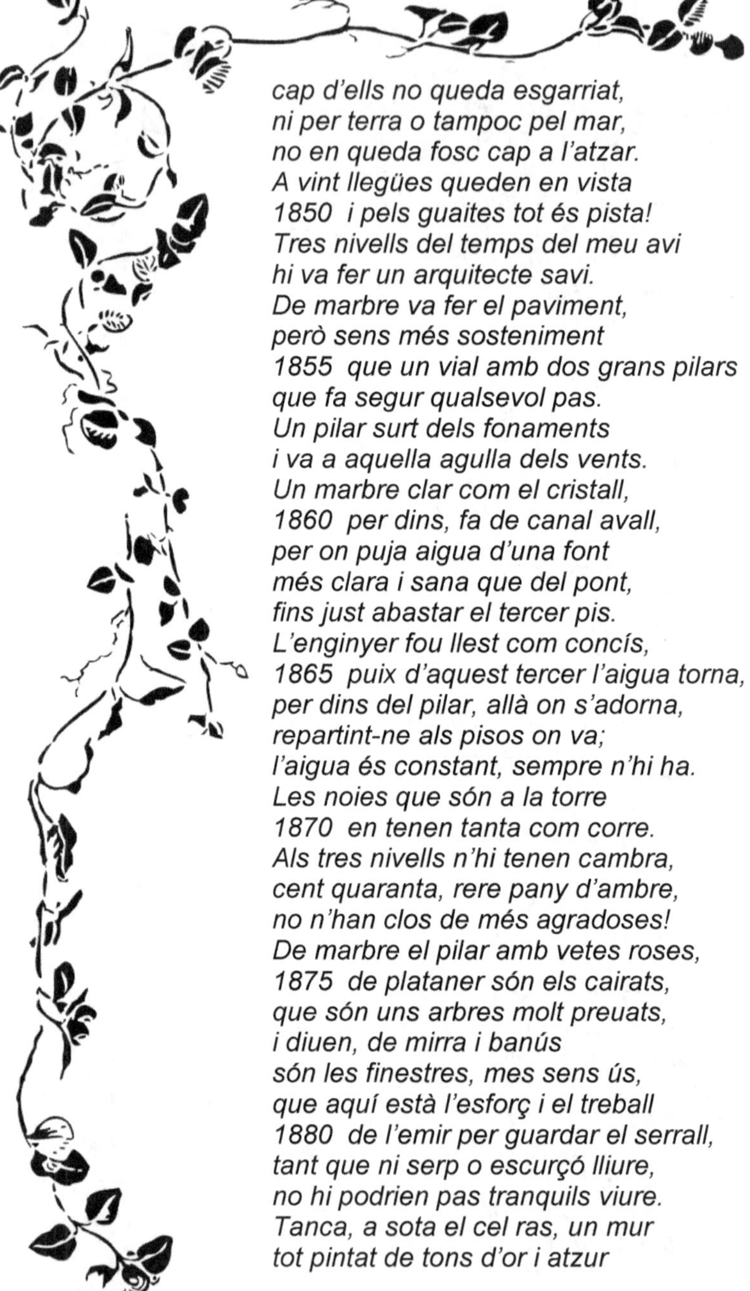

cap d'ells no queda esgarriat,
ni per terra o tampoc pel mar,
no en queda fosc cap a l'atzar.
A vint llegües queden en vista
1850 i pels guaites tot és pista!
Tres nivells del temps del meu avi
hi va fer un arquitecte savi.
De marbre va fer el paviment,
però sens més sosteniment
1855 que un vial amb dos grans pilars
que fa segur qualsevol pas.
Un pilar surt dels fonaments
i va a aquella agulla dels vents.
Un marbre clar com el cristall,
1860 per dins, fa de canal avall,
per on puja aigua d'una font
més clara i sana que del pont,
fins just abastar el tercer pis.
L'enginyer fou llest com concís,
1865 puix d'aquest tercer l'aigua torna,
per dins del pilar, allà on s'adorna,
repartint-ne als pisos on va;
l'aigua és constant, sempre n'hi ha.
Les noies que són a la torre
1870 en tenen tanta com corre.
Als tres nivells n'hi tenen cambra,
cent quaranta, rere pany d'ambre,
no n'han clos de més agradoses!
De marbre el pilar amb vetes roses,
1875 de plataner són els cairats,
que són uns arbres molt preuats,
i diuen, de mirra i banús
són les finestres, mes sens ús,
que aquí està l'esforç i el treball
1880 de l'emir per guardar el serrall,
tant que ni serp o escurçó lliure,
no hi podrien pas tranquils viure.
Tanca, a sota el cel ras, un mur
tot pintat de tons d'or i atzur

de nule part n'ert esgaré ;
 u soit sor terre u soit sor mer,
de nule part n'estuet douter ;
quant de .XX. liues le verra,
a une prés li samblera.
En cele tor a trois estages.
 Cil qui les fist molt par fu sages.
Li pavement de marbre sont,
ne nul soustenement nen ont
les .II. desus fors d'un piler
que par celui estuet passer ;
 li pilers sort du fondement,
dusqu'a l'aguille en haut s'estent.
U marbre cler comme cristal
dedens a un bien fait canal
par quoi sus monte une fontaine,
 dont l'eve est molt clere et molt saine,
desi c'amont el tierc estage.
Li engignieres fu molt sage :
el tierc fait l'eve retorner
de l'autre part par le piler,
 en cascun estage se trait
l'eve par le conduit et vait.
Les dames qui en la tor sont
en prendent quant mestier en ont.
Et es estages cambres a
 dusc'a .VII. vins ; ja ne verra
nus hom mortex plus delitable :
li piler sont trestout de marbre
et de plaitoine est la closure,
d'un arbre cier qui tostans dure ;
 de myrre et aussi de benus
sont les fenestres tot li plus.
Tot çou fist querre a grant travail
por metre en sa tor l'amirail,
car la u est, serpens ne wivre
 n'autre vermine n'i puet vivre.
Li ciex desus qui ferme
au mur est pains a or et a azur.

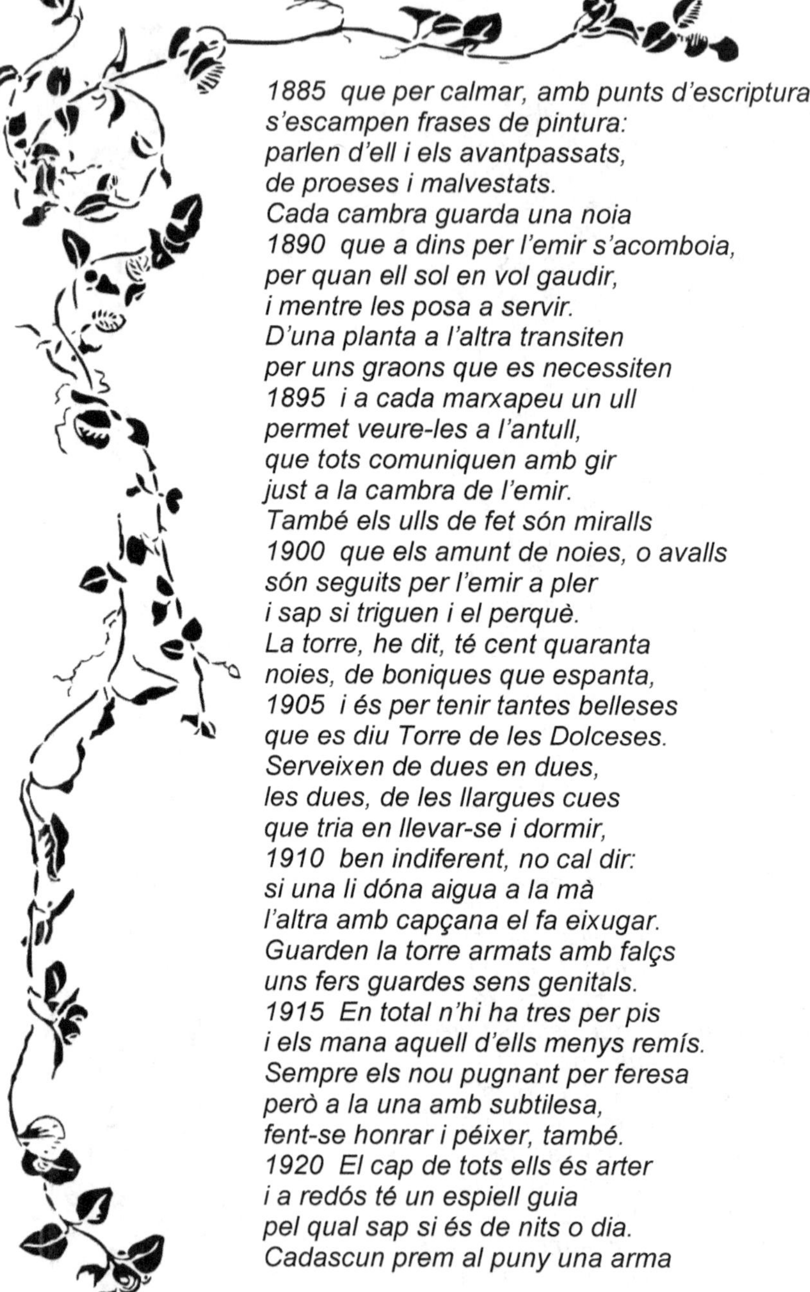

1885 que per calmar, amb punts d'escriptura
s'escampen frases de pintura:
parlen d'ell i els avantpassats,
de proeses i malvestats.
Cada cambra guarda una noia
1890 que a dins per l'emir s'acomboia,
per quan ell sol en vol gaudir,
i mentre les posa a servir.
D'una planta a l'altra transiten
per uns graons que es necessiten
1895 i a cada marxapeu un ull
permet veure-les a l'antull,
que tots comuniquen amb gir
just a la cambra de l'emir.
També els ulls de fet són miralls
1900 que els amunt de noies, o avalls
són seguits per l'emir a pler
i sap si triguen i el perquè.
La torre, he dit, té cent quaranta
noies, de boniques que espanta,
1905 i és per tenir tantes belleses
que es diu Torre de les Dolceses.
Serveixen de dues en dues,
les dues, de les llargues cues
que tria en llevar-se i dormir,
1910 ben indiferent, no cal dir:
si una li dóna aigua a la mà
l'altra amb capçana el fa eixugar.
Guarden la torre armats amb falçs
uns fers guardes sens genitals.
1915 En total n'hi ha tres per pis
i els mana aquell d'ells menys remís.
Sempre els nou pugnant per feresa
però a la una amb subtilesa,
fent-se honrar i péixer, també.
1920 El cap de tots ells és arter
i a redós té un espiell guia
pel qual sap si és de nits o dia.
Cadascun prem al puny una arma

Molt a apris de l'escriture
qui puet savoir de la painture :
 li fait i sont des ancissours,
les proueces et les estours.
En cascune a une pucele
li amirals mise novele,
tele com lui vient a plaisir ;
 la la fait metre et bien servir.
De l'un estage en l'autre vont
par les degrés qui fait i sont.
El moien estage a un huis
en une loge qui vait juis ;
 par celui vait on contreval
droit en le cambre l'amiral.
Par icel huis vienent et vont
 les puceles que il semont,
qui doivent l'amiral servir
ensi com li vient a plaisir.
En la tor a .VII _xx_. puceles
de grant parage et forment beles ;
 por çou qu'i sont les damoiseles
a a non la Tors as Puceles.
Trestoutes celes qui i sont
.II. et .II. son service font,
iceles .II. que il eslit
 a son lever et a son lit ;
l'une sert de l'eve doner
et la touaile tient son per.
Les gardes qui en la tor sont
les genitaires pas nen ont.
 .III. en a en cascun estage,
estre le maistre, le plus sage,
a cui cascuns des .IX. apent,
par lui les servent humlement
et del mangier et del lit faire.
 Li maistre est fel et deputaire
et si garde l'uis de la tour
set bien quant il est nuis u jour.
 En son puing tient cascuns une arme,

que plany tant com una visarma.
1925 El fer cap no s'ho pren a broma,
com més vigila menys s'eslloma;
ni cap ocell volant ben alt,
amb vol perdut o tingui mal
no hi pot entrar, de tant subtil
1930 que té el seu zel, com de servil."
Com es pot veure aquest burot
d'allà en sabia el més remot;
el rei l'estimava de cor,
mes si sabés que el seu tresor
1935 zelat era així esbravat
no en tindria pas pietat!
Però aquell porter no era fals
ans sabent tot aquell trasbals
no pogué sinó atemorir
1940 com us ha fet, amb el seu dir,
igual que a Floris, pel seu cas,
decebut i molt menys audaç.
Deixant aquell estar, d'aquest,
de l'hoste us vull parlar, pobret,
1945 es veia vençut pel relat,
incapaç de fer el proposat.
I l'altre, que el veu moix, retreu,
dient-li: "No us sàpiga greu,
Floris, que us hagi d'avisar
1950 tant, puix cap home pot mirar
la torre, ja que el cap dels guardes,
per espiar matí o tardes
disposa de la potestat
d'emir de deixar-vos jutjat,
1955 ràpidament allà, a la plaça,
sens dir-vos res, ni amenaça;
si ho vol, sens jutge ni debatre,
per sentència, us pot abatre,
per exprés permís de l'emir,
1960 d'aquí que en tingui lliure albir.
Però encara té molta cura,
i que no entri ningú procura,

u misericorde u gisarme.
Li maistre maint en un arvol.
De l'uis garder nel tien por fol,
car n'est oisiaus, trestout sans gas,
qui par son vol i peüst pas
entrer, por cose qu'il fesist,
puis que cil li contredesist. »
De cel portier vos dirai voir :
il a en lui molt grant savoir ;
li rois l'aime molt de son cuer,
mais s'il seüst çou a nul fuer
que cil eüst vers lui boisié,
ne l'eüst pas laiens laissié !
Icil portiers fu molt gaillars,
et si fu il molt bien musars,
çou vos os bien acreanter,
com vos orrés ancui conter
si com Flores par son avoir
le deçut, çou vos di por voir.
Or le laissons de lui ester.
De l'oste vos vaurai conter
qui de deviser se penoit
tout içou que veü avoit.
Adont li dist tot de rekief :
« Flores, dist il, ne te soit grief,
de cel portier bien te voel dire
qui si garde l'uis et remire :
se nisun home voit garder
sus en la tor por espïer,
par si que il n'en ait congié
de l'amirail, est tout jugié :
ains qu'il se parte de la place,
tot sans parole et sans manace,
se il veut, tot le reubera
et sans amende le batra,
car de l'amirail a congié,
por çou est si outrecuidié.
Et il molt bien garde se prent,
que nus hom en la tor laiens

ni posar els peus a la torre,
perquè és a un pas de la masmorra.
1965 Per'xò hi té quatre guaites dins
que nit i dia vetllen fins.
D'aquests guaites heu de saber
que guanys tenen i molt d'haver
d'acord amb el zel malaltís,
1970 sempre amb por de quedar xerís.
Si veuen apropar-se res,
avisen dins el de més pes.
L'emir, també sé, té el costum
que amb la qui ha compartit llum
1975 de cambra un any no en passi més;
i així mana als seus ducs propers
escapçar-li el cap raser.
No vol que rei ni cavaller
tingui la dona que ha tingut;
1980 mala paga per servitud!
Després, quan n'ha de prendre nova,
les fa desfilar per la prova
davant d'ell enmig d'un jardí
temptant la sort que han de tenir;
1985 totes saben a prop la mort
tot complaent o en desacord.

Ara vull desgranar el jardí,
allà on sempre les fa venir.
El jardí és molt vast i gran,
1990 no és modest ans exuberant.
Per una banda el tanca un mur,
amb rivet pintat d'or i atzur;
a sota, i de cada merlet,
forjat, un dispar ocellet
1995 d'aram, cadascun ben fixat,
són més bells que els de veritat;
amb el vent fan un refilet
bonic, que en vius no guanya aquest;
fins i tot bèstia o bé fera
2000 sentint llurs cants i la manera,

ne puet metre le pié sans li,
por çou est il si signori.
.IIII. gaites a en la tour
qui veillent le nuit et le jour.
De ces gaites vos di por voir
 que il en ont molt grant avoir
por çou que le doivent garder,
et il s'en voelent molt pener.
Se riens i voient aprocier,
a ceus dedens le vont noncier.
 Li amirals tel costume a
que une feme o lui tenra
un an plenier et noient plus,
puis mande ses rois et ses dus ;
dont li fera le cief trencier.
 Ne veut que clerc ne chevalier
ait la feme qu'il a eüe :
a la dame est l'onors rendue.
Aprés, quant il veut l'autre prendre,
 ses puceles si fait descendre
 totes ensanle en un vergié ;
cascune en a son cuer irié,
car l'onor doutent por la mort
k'aprés en ont sans nul restort.

Or devés del vergier oïr,
 por coi les fait illuec venir.
Li vergiers est et biax et grans,
nus n'est si biax ne si vaillans.
De l'une part est clos de mur
tot paint a or et a asur,
 et desus, encontre un cretel,
par devers destre a un oisel ;
d'arain est trestous tresjetés,
onques mais ne fu veüs tés :
quant il vente si fait douc cri
 que onques nus hom tel n'oï,
si ne fu ainc beste tant fiere,
se de son cant ot la maniere,

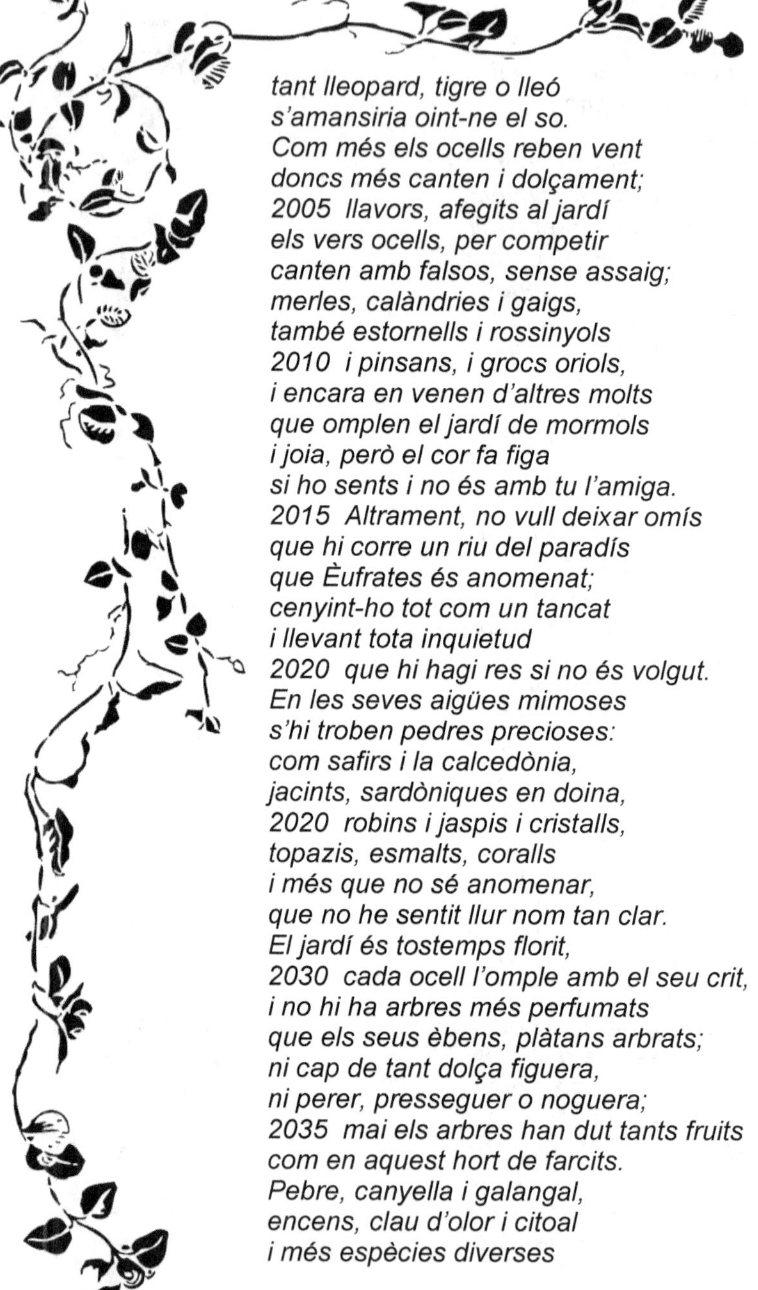

tant lleopard, tigre o lleó
s'amansiria oint-ne el so.
Com més els ocells reben vent
doncs més canten i dolçament;
2005 llavors, afegits al jardí
els vers ocells, per competir
canten amb falsos, sense assaig;
merles, calàndries i gaigs,
també estornells i rossinyols
2010 i pinsans, i grocs oriols,
i encara en venen d'altres molts
que omplen el jardí de mormols
i joia, però el cor fa figa
si ho sents i no és amb tu l'amiga.
2015 Altrament, no vull deixar omís
que hi corre un riu del paradís
que Èufrates és anomenat;
cenyint-ho tot com un tancat
i llevant tota inquietud
2020 que hi hagi res si no és volgut.
En les seves aigües mimoses
s'hi troben pedres precioses:
com safirs i la calcedònia,
jacints, sardòniques en doina,
2020 robins i jaspis i cristalls,
topazis, esmalts, coralls
i més que no sé anomenar,
que no he sentit llur nom tan clar.
El jardí és tostemps florit,
2030 cada ocell l'omple amb el seu crit,
i no hi ha arbres més perfumats
que els seus èbens, plàtans arbrats;
ni cap de tant dolça figuera,
ni perer, presseguer o noguera;
2035 mai els arbres han dut tants fruits
com en aquest hort de farcits.
Pebre, canyella i galangal,
encens, clau d'olor i citoal
i més espècies diverses

lupars ne tygre ne lions,
ne s'asoait quant ot les sons.
 Quant li oisiaus a grignor vent,
adont cante plus doucement,
et el vergier, au tans seri,
des oisiaus i a si douc cri,
et tant de faus et tant de vrais,
 merles et calendres et gais
et estorniaus et rosignos,
et pinçonés et espringos
et autres oisiaus qui i sont
qui par le vergier joie font,
 qui les sons ot et l'estormie
molt est dolans s'il n'a s'amie.
De l'autre part, ce m'est avis,
court uns flueves de paradis
qui Eufrates est apelés :
 de celui est avironés,
issi que riens n'i puet passer
se par desus ne peut voler.
En icele eve de manieres
truevë on precïeuses pieres ;
 saffirs i a et calcidoines,
boines jagonses et sardoines,
rubis et jaspes et cristaus
et topasses et boins esmaus
et autres que nomer ne sai,
 car pas oï nomer nes ai.
Li vergiers est tostans floris
et des oisiaus i a grans cris.
Il n'a soussiel arbre tan cier,
benus, plantoine n'aliier,
 ente nule ne boins figiers,
peskiers ne periers ne noiers,
n'autre cier arbre qui fruit port,
dont il n'ait assés en cel ort.
Poivre, canele et garingal,
 encens, girofle et citoual
et autres espisses assés

119

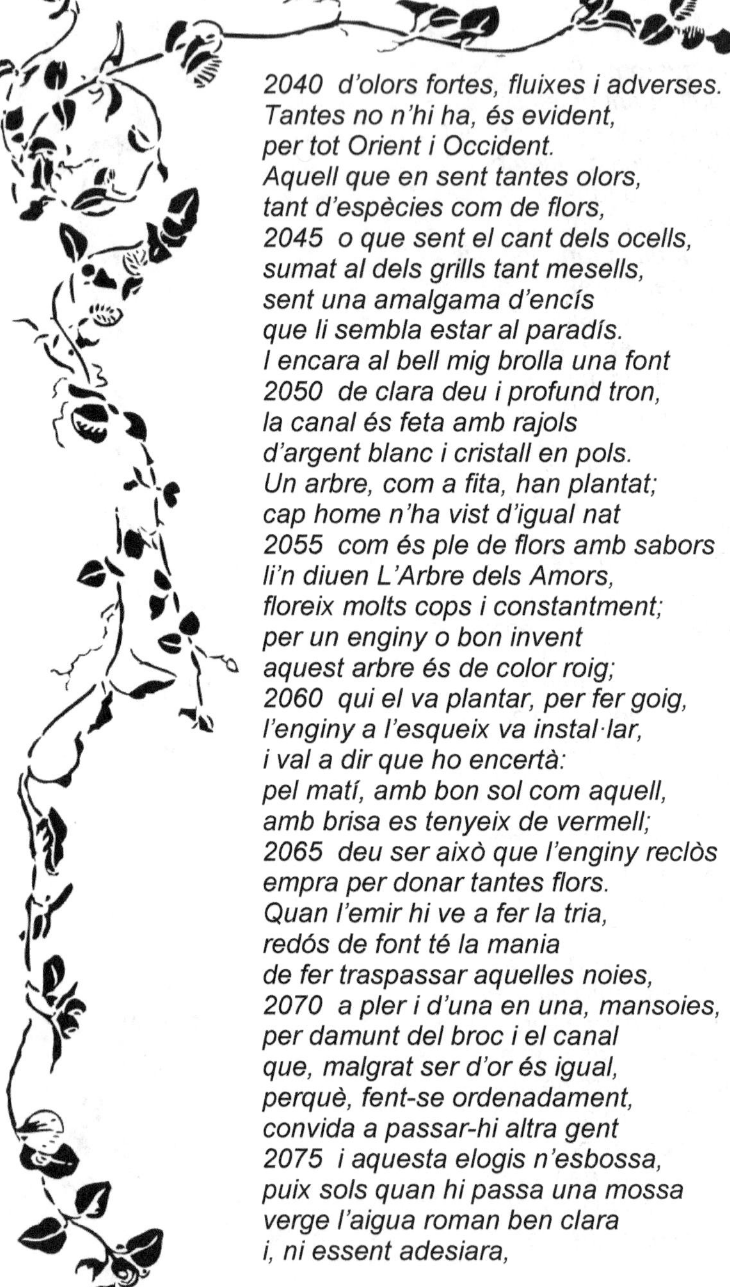

2040 d'olors fortes, fluixes i adverses.
Tantes no n'hi ha, és evident,
per tot Orient i Occident.
Aquell que en sent tantes olors,
tant d'espècies com de flors,
2045 o que sent el cant dels ocells,
sumat al dels grills tant mesells,
sent una amalgama d'encís
que li sembla estar al paradís.
I encara al bell mig brolla una font
2050 de clara deu i profund tron,
la canal és feta amb rajols
d'argent blanc i cristall en pols.
Un arbre, com a fita, han plantat;
cap home n'ha vist d'igual nat
2055 com és ple de flors amb sabors
li'n diuen L'Arbre dels Amors,
floreix molts cops i constantment;
per un enginy o bon invent
aquest arbre és de color roig;
2060 qui el va plantar, per fer goig,
l'enginy a l'esqueix va instal·lar,
i val a dir que ho encertà:
pel matí, amb bon sol com aquell,
amb brisa es tenyeix de vermell;
2065 deu ser això que l'enginy reclòs
empra per donar tantes flors.
Quan l'emir hi ve a fer la tria,
redós de font té la mania
de fer traspassar aquelles noies,
2070 a pler i d'una en una, mansoies,
per damunt del broc i el canal
que, malgrat ser d'or és igual,
perquè, fent-se ordenadament,
convida a passar-hi altra gent
2075 i aquesta elogis n'esbossa,
puix sols quan hi passa una mossa
verge l'aigua roman ben clara
i, ni essent adesiara,

i a, qui flairent molt soués.
Il n'en a tant, mon essïent,
entre Orïent et Occident.
 Qui ens est et sent les odors
et des espisses et des flors
et des oisiaus oïst les sons
et haus et bas les gresillons,
por la douçor li est avis
 des sons qu'il est en paradis.
En miliu sort une fontaine
en un prael, et clere et saine ;
en quarel est fais li canal
de blanc argent et de cristal.
 Un arbre i a desus planté,
plus bel ne virent home né ;
por çou que tos jors i a flors
l'apelë on l'arbre d'amors :
l'une revient quant l'autre ciet.
 Par grant engien l'arbres i siet,
car li arbres est tos vermeus.
De çou ot cil molt bons conseus
qui le planta k'a l'asseoir
fu fais l'engiens, si com j'espoir.
 Au main, quant lieve li soleus,
en l'arbre fiert trestos vermeus.
Cil arbres est si engigniés
que tostans est de flors cargiés.
Quant li amirals veut coisir,
 ses puceles i fait venir
au ruissel de la fontenele
dont de fin or est la gravele ;
quant passer doivent le canal
qui fais est d'or et de cristal,
 outre en vont ordeneement
et il au passer molt entent
et a sa gent i fait entendre.
Grant mervelle i puet on aprendre,
car quant il i passe pucele,
lors est li eve clere et bele ;

que de la gent una no n'és
2080 l'aigua es fa llot, un temps només.
I això s'estima meravella
perquè es pren la que no és donzella,
cosa que ha quedat ben provada,
i se la mata o és trossejada.
2085 La resta se les fa passar
per sota l'arbre, per triar
la que llavors serà elegida,
en caure-li una flor pansida.
L'arbre es porta de tal manera
2090 que la que en rep la flor primera
queda tot seguit coronada
com cap del país, sobirana.
L'emir s'hi casa en cas d'honor
i se l'estima amb prou vigor,
2095 sols un any, i un cop n'ha gaudit
les força i mata dant-ne oblit..
Si n'hi ha una prou joiella
que li agradi perquè és bella
és ell que, amb prou encantament,
2100 li fa caure la flor al moment.
D'aquí un mes arribarà el dia
de citar els ducs en majoria
i els prohoms més dignes de gesta
per celebrar la dita festa.
2105 Blancaflor, diuen, que prendrà,
d'entre totes les que té allà,
que almenys són cent quaranta flors;
d'aquí l'interès de ser espòs,
que en sembla estar encaterinat.
2110 Urgint-li en fa una eternitat!
Pel terme no gaudeix d'esplai
que li sembla no arribar mai!"

Floris féu compungit: "Mercè!
Moriré, si fa el seu voler!
2115 Car si ella es casa amb l'emir
ja no em quedarà ni un sospir.

au trespasser de feme eüe
l'eve en est lués tote meüe.
Oïr poés molt grant merveille
a cui nule ne s'apareille :
 cele qui puet estre provee
desfaite est et en fu jetee.
Aprés les fait totes passer
desous l'arbre por acerter
la quel d'eles cel an ara,
 cele sor cui la flors carra.
Li arbres est de tel manière ;
sor cui karra la flors premiere
eneslepas iert coronee
et dame du païs clamee ;
 il le noçoie a grant honor
et si l'aime comme s'oissor
desi a l'an, que jou ai dit ;
adont le viole et ocit.
Et se il a o soi pucele
 que il miex aime et soit plus bele,
sor li fait par encantement
la flor caïr a son talent.
D'ui en un mois li jors sera
que ses barons assanlera,
 tot icil qui sont de sa geste,
car a cel jor tenra sa feste.
Blanceflor dist k'adont prendra,
sor totes autres ciere l'a ;
es .VII. vins n'a si bele flor,
 por çou le veut prendre a oissor.
Il desire molt son servise,
tote s'entente a en li mise ;
le terme het qui tant demeure,
ja ne cuide que viegne l'eure. »

 Flores respont : « Sire, merci !
Dont sui jou mors s'il est ensi.
Car s'est espouse l'amirail,
dont sai bien k'a estros i fail.

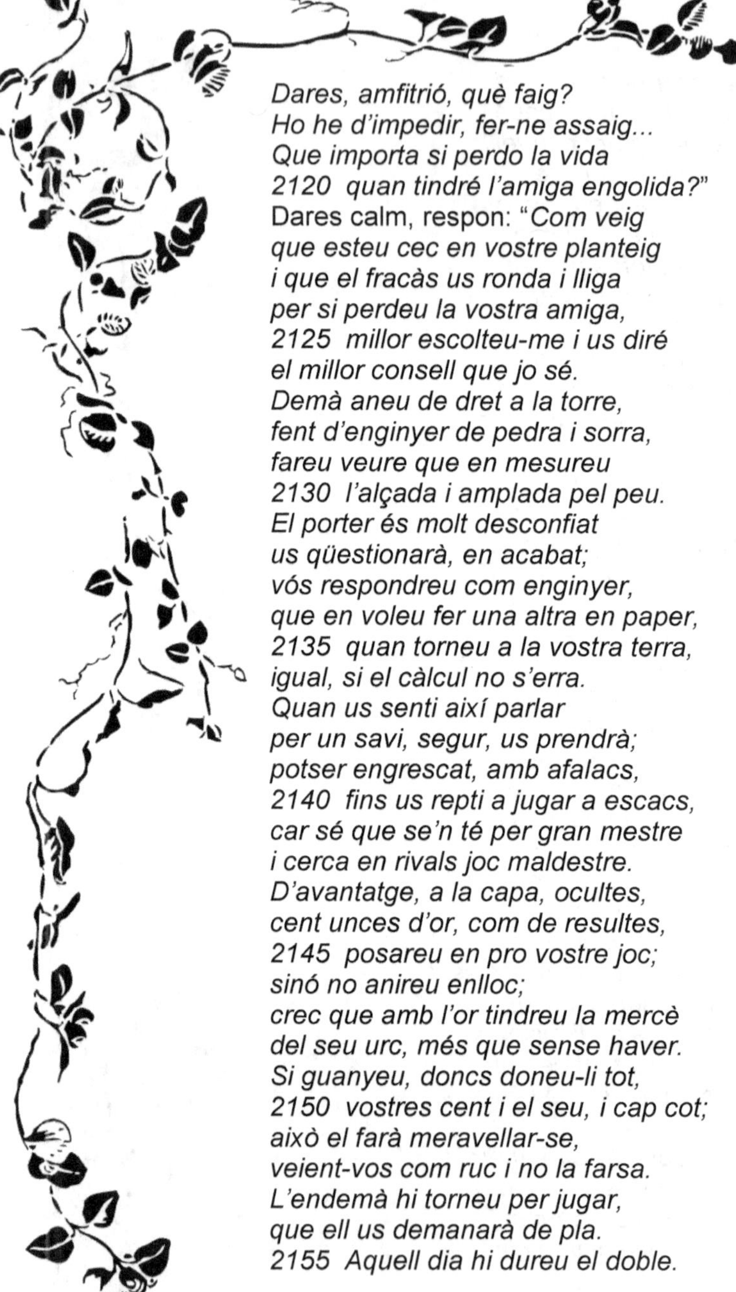

Dares, amfitrió, què faig?
Ho he d'impedir, fer-ne assaig...
Que importa si perdo la vida
2120 quan tindré l'amiga engolida?"
Dares calm, respon: "Com veig
que esteu cec en vostre planteig
i que el fracàs us ronda i lliga
per si perdeu la vostra amiga,
2125 millor escolteu-me i us diré
el millor consell que jo sé.
Demà aneu de dret a la torre,
fent d'enginyer de pedra i sorra,
fareu veure que en mesureu
2130 l'alçada i amplada pel peu.
El porter és molt desconfiat
us qüestionarà, en acabat;
vós respondreu com enginyer,
que en voleu fer una altra en paper,
2135 quan torneu a la vostra terra,
igual, si el càlcul no s'erra.
Quan us senti així parlar
per un savi, segur, us prendrà;
potser engrescat, amb afalacs,
2140 fins us repti a jugar a escacs,
car sé que se'n té per gran mestre
i cerca en rivals joc maldestre.
D'avantatge, a la capa, ocultes,
cent unces d'or, com de resultes,
2145 posareu en pro vostre joc;
sinó no anireu enlloc;
crec que amb l'or tindreu la mercè
del seu urc, més que sense haver.
Si guanyeu, doncs doneu-li tot,
2150 vostres cent i el seu, i cap cot;
això el farà meravellar-se,
veient-vos com ruc i no la farsa.
L'endemà hi torneu per jugar,
que ell us demanarà de pla.
2155 Aquell dia hi dureu el doble.

Daires, biaus ostes, que ferai ?
  Par mon cief, calenge i metrai !
Et moi k'en caut se perc ma vie
quant jou perdu arai m'amie ? »
Daires respont : « Puis que jou voi
k'en vostre cuer a tel esfroi
  que vos ne caut de vostre vie
se le perdés por vostre amie,
or m'escoutés, si vos dirai
le millor consel que jou sai.
Demain irés droit à la tor
  con se fuissiés engigneor,
quans piés est lee mesurés,
a la hautor garde prendés.
Li portiers a le cuer felon,
sempres vos metra a raison,
  et vos par engien respondés
que contrefaire le volés
quant vos serés en vostre terre,
car n'i venistes por el querre.
a Quant issi parler vos orra,
b rice home lors vos cuidera,
puet estre a vos s'acointera,
  des eskés a vos jüera,
car il molt volentiers i juie
quant trueve a cui molt se deduie.
Et vos en vostre mance arés
.C. onces d'or qu'ai ju metrés,
  mais sans avoir n'i alés mie,
si com vos amés vostre vie,
car a engien, si com j'espoir,
le decevrés par vostre avoir.
Se gaaignés, tout li rendés
  et vos .C. onces li donés,
et il molt s'esmerveillera,
por çou a vos jüer volra.
Et l'endemain la repairiés
et molt tres bien li otroiés ;
  au ju a double porterés.

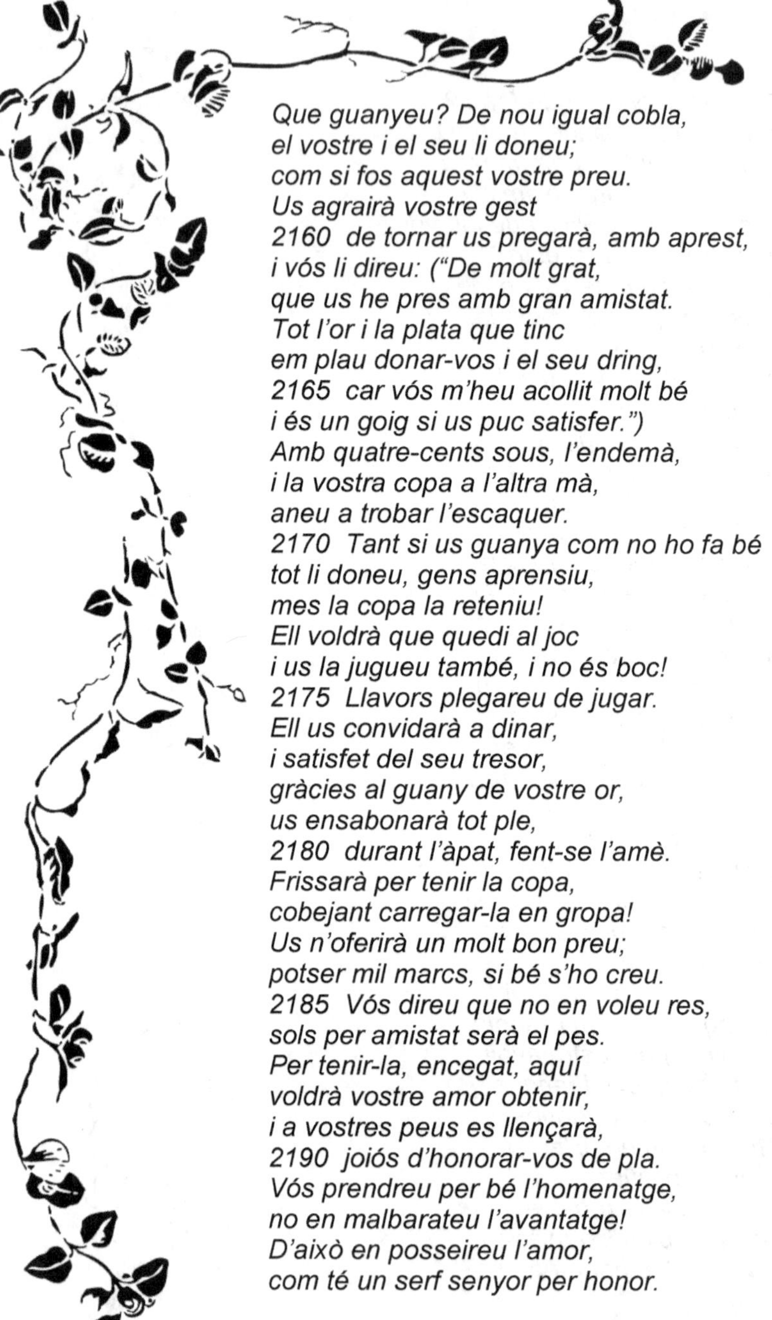

Que guanyeu? De nou igual cobla,
el vostre i el seu li doneu;
com si fos aquest vostre preu.
Us agrairà vostre gest
2160 *de tornar us pregarà, amb aprest,*
i vós li direu: ("De molt grat,
que us he pres amb gran amistat.
Tot l'or i la plata que tinc
em plau donar-vos i el seu dring,
2165 *car vós m'heu acollit molt bé*
i és un goig si us puc satisfer.")
Amb quatre-cents sous, l'endemà,
i la vostra copa a l'altra mà,
aneu a trobar l'escaquer.
2170 *Tant si us guanya com no ho fa bé*
tot li doneu, gens aprensiu,
mes la copa la reteniu!
Ell voldrà que quedi al joc
i us la jugueu també, i no és boc!
2175 *Llavors plegareu de jugar.*
Ell us convidarà a dinar,
i satisfet del seu tresor,
gràcies al guany de vostre or,
us ensabonarà tot ple,
2180 *durant l'àpat, fent-se l'amè.*
Frissarà per tenir la copa,
cobejant carregar-la en gropa!
Us n'oferirà un molt bon preu;
potser mil marcs, si bé s'ho creu.
2185 *Vós direu que no en voleu res,*
sols per amistat serà el pes.
Per tenir-la, encegat, aquí
voldrà vostre amor obtenir,
i a vostres peus es llençarà,
2190 *joiós d'honorar-vos de pla.*
Vós prendreu per bé l'homenatge,
no en malbarateu l'avantatge!
D'això en posseireu l'amor,
com té un serf senyor per honor.

Se gaaigniés, tot li rendés,
le vostre et le sien li donés,
que vos ja plus n'i atendés.
Por le don grasse vos rendra,
del revenir vos proiera.
Vos li dirés : " Sire, de gré.
Je vos ai forment enamé.
Or et argent a plenté ai,
saciés k'assés vos en donrai,
car vos m'avés bel acuelli,
bel aparlé, vostre merci. "
.IIII. cens onces l'endemain
et vostre coupe en l'autre main
reporterés a l'eskekier.
S'il vos avient a gaaignier,
vostre or et le sien li rendés,
mais vostre coupe retenés.
Donc vaura que por li jüés
et que vos au ju le metés.
Et vos, ne vaurés mais juer.
Dont vos menra a son disner.
Liés se fera de son tresor
que il avra fait de vostre or,
ennorra toi a son mangier
et durement te tenra chier.
De la coupe iert molt covoiteus
et de l'acater angoisseus.
Molt offerra por acater,
mil mars vos en vaura doner.
Dont li dites rien n'en prendrés,
mais par amistiés li donrés.
Dont par ert il si deceüs
et de vostre amor embeüs
que de joie a vos piés karra
et homage vos offerra.
Et vos en prendés bien l'omage
et la fiance s'estes sage.
Lors vos tenra il a amor
com li hom liges son signor.

2195 *Se li podrà descobrir tot,*
el que us fa esllanguir, cada mot;
si ell pot us ajudarà!
I si no pot ningú podrà!"
Floris va agrair a Dares
2200 de dir-li les coses tan clares.
Fet l'últim glop, tothom al llit,
recapitulant tot ço dit!

Floris es llevà pel matí
i Dares el posà en camí.
2205 Aquell en ser al peu de la torre
va voltar amb distret discórrer.
El va abordar al poc el burot
que li etzibà un escarnot:
"*Sou un traïdor o bé un espia?*
2210 *Espieu la torre i, de dia?"*
"*Senyor, res d'això, per ma fe!*
Compto el triangle escalè,
per fer una torre al meu país,
semblant, seguint reial permís"
2215 El guarda, amb tant ric parlament,
li va penjar molts dots de gent;
sumant de bellesa elegant,
minvà un xic fer el refús més gran,
dient: "*No sembleu un espia"*
2220 I el reptà a escacs, amb arteria,
i esquivant, Floris s'avingué,
proposant el preu, alt, també:
"*Partim de quant? "Cent unces d'or"*
"*S'ajusta prou bé al meu tresor"*
2225 Van al gra i s'asseuen pel joc.
Guanyà qui va ser menys badoc:
fou Floris, i per més traçut,
però ho donà tot al vençut.
Aquest se'n va meravellar
2230 i ho agraí i ho valorà;
alhora, pregant repetir
de nou l'endemà pel matí.

Puis li porrés tot descovrir
le mal qui si vos fait languir.
Se il puet, il vos aidera,
et s'il ne puet, nus nel porra. »
Flores a Dairon mercïé
del consel qu'il li a doné.
Atant boivent, si vont gesir.
Por le penser laist le dormir

Flores se lieve par matin
et Daires le mist au cemin.
Es le vos au pié de la tour ;
a esgarder le prent entour.
Es vos l'uissier qui l'arasone
si roidement que tot l'estone :
« Estes espie u traïtour
qui si espiiés nostre tour !
— Sire, dist il, naie, par foi,
mais por içou l'esgar et voi
k'en mon païs tele feroie
se ja mais venir i pooie. »
Cil sot parler tant ricement,
et cil le vit tant bel et gent,
por çou k'en lui vit tel biauté,
tote entrelaist sa cruauté
et dist : « Ne sanlés pas espie. »
De juer as eskés l'envie.
Floires li dist qu'il joëroit
se grant avoir en geu metoit :
« Qu'i metriez ? — .C. onces d'or.
— Et je autant de mon tresor. »
Au geu s'asieent, plus n'i ot.
Cil joua mielz qui plus en sot ;
ce fu Floires qui l'avoir ot.
Lui le donna con plus tost pot.
Cil le vit, moult s'en merveilla,
du don forment le mercia ;
moult le pria du reperier
joer au geu de l'eschequier.

Dit i fet. Aquella vegada
van ser dues-centes d'entrada.
2235 Dues-centes van posar els dos.
Pel guany Floris no fou mandrós;
tant va guanyar, tant va donar,
com tal goig prengué el ciutadà,
qui després d'agrair-li-ho molt
2240 s'oferí per qualque trascol,
o servei. Floris va marxar,
malgrat tots els precs de restar;
tornà al migjorn, quan el sol topa
a fitor, tot portant la copa,
2245 i quatre-centes unces d'or;
posà prop l'escaquer el tresor.
El burot també va fer igual,
i els dos van triar el seu dorsal.
Quan el burot posà les peces
2250 tot quedà ordenat, sense esses.
I en perdé moltes amb la torre
de Floris, amb escac sens córrer.
El burot quedà esmaperdut
quan va veure el seu rei perdut;
2255 el seu or donà a l'oponent,
mers Floris li tornà al moment,
amb el seu, tot allò guanyat,
com correspon l'estipulat,
seguint el pla preconcebut;
2260 l'altre pregà posar, tossut,
la copa en joc. Com evasiu,
"No ho faré pas!" –Floris li diu.
També el burot el convidà
a casa a beure i a menjar.
2265 Prou veia que tot aquell or
li havia alçat el tresor,
però per la copa frisava,
tot cobejant-la, i perdent la bava
no se n'estava d'oferir
2270 mil unces d'or, amb frenesí.
Quan Floris el veié anhelós

Et il si fist sanz demorance,
deus cenz onces d'or en sa manche,
et cil en i remist .II. cenz.
Floires du gaaignier n'est lenz ;
tout gaaingna et tot li donne.
* Tel joie a cil que mot ne sonne ;*
aprés grant piece l'en mercie
et son service li afie.
Quant Floires prist de li congié,
du reperier l'a moult proié.
Et il si fist a l'endemain :
sa coupe d'or porte en sa main
et quatre cenz onces d'or mier
qu'il mist au geu de l'eschequier,
et li huissiers fet ensement ;
puis a assis chaucuns sa gent.
Li huissiers a sa gent assise
et moult l'a bien en ordre mise.
Au roc em prent un grant tropel
Floires, si dist eschec moult bel.
Quant li huissier est perceüz,
* bien set que ses geuz est perduz ;*
son or li rent forment iriez,
mais Floires [l']en refist tost liez :
le sien li donne et si li rent
le gaaing, et cil le reprent,
car soi tenoit a engignié.
Puis li a doucement proié
e que la coupë au geu meïst.
« Non ferai, voir ! » Floires li dist.
* Atant l'en maine li huissier*
o lui a son ostel mangier.
Forment l'oneure tot por l'or
dont tant a creü son tresor.
Mais de la coupe ert angoisseus
* et de l'avoir molt covoiteus,*
et dist molt bien l'acatera,
mil onces d'or por li donra.
Quant Flores voit sa covoitise,

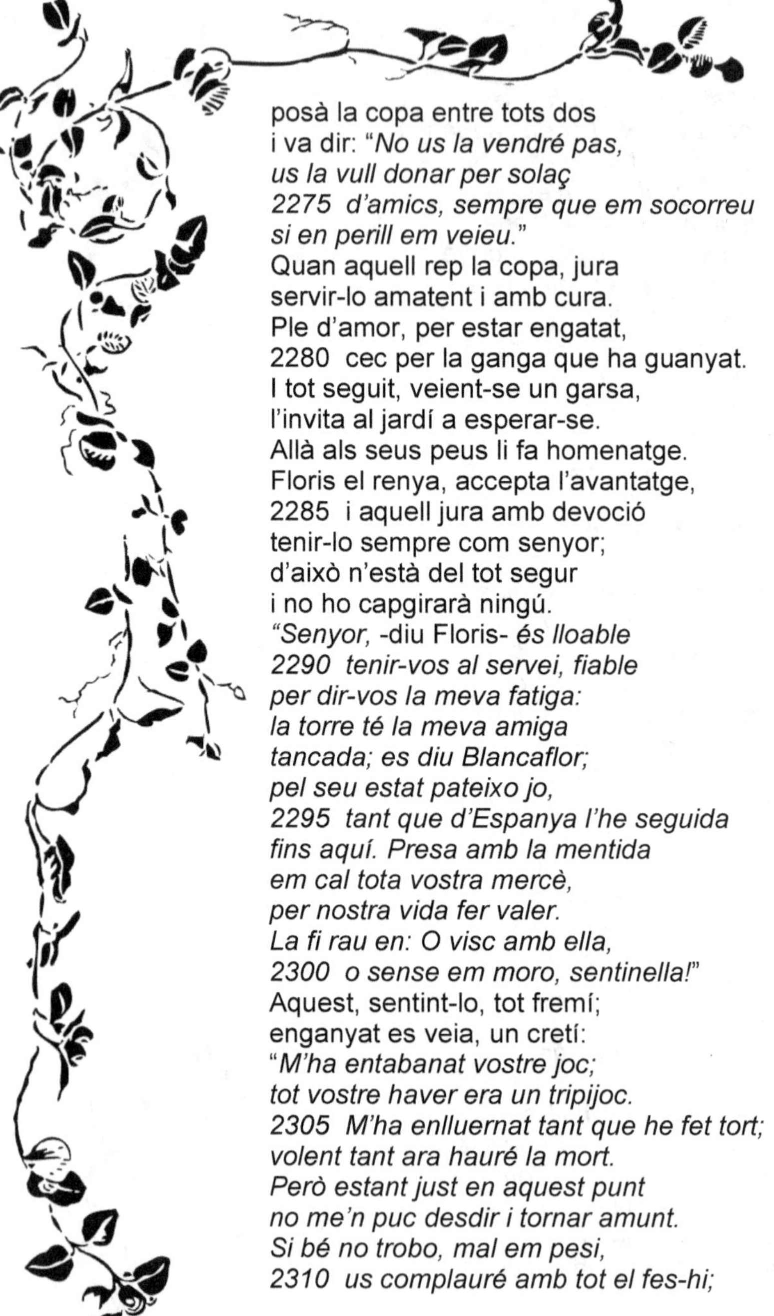

posà la copa entre tots dos
i va dir: "*No us la vendré pas,*
us la vull donar per solaç
2275 *d'amics, sempre que em socorreu*
si en perill em veieu."
Quan aquell rep la copa, jura
servir-lo amatent i amb cura.
Ple d'amor, per estar engatat,
2280 cec per la ganga que ha guanyat.
I tot seguit, veient-se un garsa,
l'invita al jardí a esperar-se.
Allà als seus peus li fa homenatge.
Floris el renya, accepta l'avantatge,
2285 i aquell jura amb devoció
tenir-lo sempre com senyor;
d'això n'està del tot segur
i no ho capgirarà ningú.
"*Senyor, -diu Floris- és lloable*
2290 *tenir-vos al servei, fiable*
per dir-vos la meva fatiga:
la torre té la meva amiga
tancada; es diu Blancaflor;
pel seu estat pateixo jo,
2295 *tant que d'Espanya l'he seguida*
fins aquí. Presa amb la mentida
em cal tota vostra mercè,
per nostra vida fer valer.
La fi rau en: O visc amb ella,
2300 *o sense em moro, sentinella!*"
Aquest, sentint-lo, tot fremí;
enganyat es veia, un cretí:
"*M'ha entabanat vostre joc;*
tot vostre haver era un tripijoc.
2305 *M'ha enlluernat tant que he fet tort;*
volent tant ara hauré la mort.
Però estant just en aquest punt
no me'n puc desdir i tornar amunt.
Si bé no trobo, mal em pesi,
2310 *us complauré amb tot el fes-hi;*

es poins li a la coupe mise,
et dist : « Pas ne la vos vendrai,
mais par amor le vos donrai,
 por çou qu'il m'ert gerredonés
se mon besoing ja mais veés. »
Cil prent la coupe et puis li jure
k'en lui servir metra sa cure.
De s'amor est tous embeüs
 et de l'avoir tous deceüs.
Il l'en maine sans atargier
esbanoier ens el vergier.
As piés li ciet, offre s'oumage ;
Flores le prent, si fait que sage.
 Cil fiance que par amor
le servira comme signor,
de çou soit il seürs et fis
que j'a n'en iert fais contredis.
« Sire, fait Flore, or est ensi,
 com en mon home en vos me fi.
Des ore vos dirai ma vie.
Lassus en la tor est m'amie,
cele qui non a Blanceflors.
Tant me destraint la soie amors
 que d'Espaigne l'ai cha sivie.
Emblee me fu par envie.
Sire, or aiés de moi merci,
car de ma vie en vos me fi.
La fins est tele : u jou l'avrai,
 u por s'amor de duel morrai. »
Li portiers l'ot, molt s'esbahi,
forment se tint a escarni :
« Engigniés sui, dist il, c'est voirs !
Deceü m'a li vostre avoirs.
 Par covoitise en ai le tort,
por vostre avoir avrai la mort.
Mais ensi est k'el n'en puis faire,
lacié m'avés, n'en puis retraire.
U bien m'en prenge, u mal m'en viegne,
ne lairai covens ne vos tiegne,

tot i que em sembla tant espès
que segur hi morirem tots tres.
Bé, primer aneu on us esteu;
en tres dies tindreu correu,
2315 mentrestant començaré el cas.”
i Floris arronsava el nas,
plorant: “És massa llarg termini”
El burot reblà amb determini:
“Per mi és curt, sento la mort
2320 tant a prop que tinc el coll tort!”
Floris marxà i aquest restà;
temps dispars, segons tarannà,
per un molt llarg, per l’altre curt.
Floris, sens veure-hi cap ensurt,
2325 si acabava havent l’amiga,
perdre vida no era fatiga!

En tant Floris compta i espera
el burot ha trobat la manera:
darà a les noies de la torre,
2330 com a regal, tot sense córrer,
d’aquí tres dies, munts de flors
en coves plens, tot a l’engròs.
Mentre li cullen Floris ve,
clos el termini, amb deler.
2335 I vesteix lliurea vermella,
dit pel burot, que s’aparella
al color viu de les flors, que ara
tot ben curosament prepara.
Llavors ja s’envia el present,
2340 de fet el burot no ha anat lent,
és un cove per cada noia,
i en un d’ells Floris acomboia,
amb ulls closos s’hi arrauleix,
i el burot de flors el cobreix.
2345 Tot seguit mana a dos macips:
“Aquest porteu-lo, sense estrips
dalt la torre; en concret però
a la cambra de Blancaflor;

et si sai jou bien, par ma foi,
que par içou morrons tot troi.
A vostre ostel vos en irés,
dusqu'a tierc jor repaierrés.
 Jou commencerai entre tant. »
Et Flores respont en plorant :
« Cil termes, fait il, est trop grans. »
Li portiers li fu respondans :
« A moi est cours, car de la mort
 sui dont aseür sans resort. »
Flores s'en va et cil remaint.
Cascuns d'aus .II. forment se plaint ;
a l'un est lons, a l'autre court.
Flore ne caut a coi qu'il tourt :
 se il pooit avoir s'amie,
ne li caut se il pert sa vie.

Atant s'en est Flores torné.
Li portiers a engien trové
k'as damoiseles de la tour
 vaura present faire au tierc jor ;
de flors assés a fait cuellir
et corbeilles grandes emplir.
Atant est Flores repairiés,
au terme vient joians et liés.
 Un bliaut ot vestu vermel,
car de l'huissier en ot consel,
por çou c'avoit une coulor
et li vestimens et la flor.
L'uissiers envoie ses presens,
 de l'envoier ne fu pas lens.
Une corbeille a a cascune,
si a fait Flore entrer en une.
Flores clot les iex, pas nes oevre,
et li portiers des flors le coevre.
 Dont a .II. serjans apelés :
« Ceste corbeille me portés
lassus amont en cele tor
a damoisele Blanceflor,

2355 Aquells treuen el cove amb flors,
del pes marxen com un talòs,
dubtant quantes flors han posat,
maleint que els hagin triat!
Pugen graons fins al darrer,
2360 més erren la cambra ben bé;
deixen la de Blancaflor a dreta
i entren a l'esquerra completa.
Un cop desen el cove amb flors
i, ja fet l'encàrrec, veloç,
2365 sense res més, tornen avall.
La noia els veu, amb un badall,
marxar i ho agraeix i es mira
el cove, les flors i sospira;
i amb les flors juga, com absent.
2370 Floris l'amiga creu present,
i en sentir els dits de la noia
Floris es fa evident, amb joia,
dant un bon ensurt a la mossa.
Crida ella, veient-se a la fossa,
2375 de la por, demanant reforç:
"Ajudeu-me, socors, socors!"
Floris es reclou al cove,
de nou, i de por del que troba!
Veient com de noia han fallit
2380 es pensa que se l'ha traït.
Novament de flors es cobreix
i es pot dir que hi desapareix.
Mentre les companyes d'aquella
entren arrufada la cella
2385 i demanen què ha passat,
de què es deu la por amb què ha cridat.
Però ara aquesta es repensa,

a la cambre les le degré
qui va au lit a l'amiré,
se li dites que li envoi.
 Gré m'en sara, si com jou croi,
et si cuit que l'avra molt ciere.
Puis vos en venés tost arriere. »
Cil prendent les flors, ses emportent ;
si sont cargié que tot detordent.
 Des flors dient molt en i a,
si maudient kis i foula.
Par les degrés montent amont,
mais a la cambre fali ont ;
Le Blanceflor laissent a destre,
 en l'autre entrent kist a senestre.
Quant cil sont ens, lor flors descargent,
a celi qu'il truevent les baillent
et lor message en haste font,
lor flors laissent, si s'en revont.
 Cele les prent, si les mercie,
a la corbeille est tost salie,
des flors se jue et esbanie.
Flores cuide çou soit s'amie.
Flores, quant la pucele oï,
de la grant joie sus sailli
et la pucele s'esfreï
et molt forment s'espeüri ;
de la poor c'ot si s'escrie :
« Merveille voi ! Aïe ! Aïe ! »
 Flores resaut en la corbeille,
s'il ot paor n'est pas merveille !
Quant il a s'amie a failli,
dont cuide bien c'on l'ait trahi.
Des flors errant s'a recovert,
 si que de lui noient ne pert.
Atant ses compaignes akeurent ;
quant els l'oent, pas ne demeurent,
si li demandent que ele oit,
por quel paor ensi crioit.
 Cele se fu asseüree

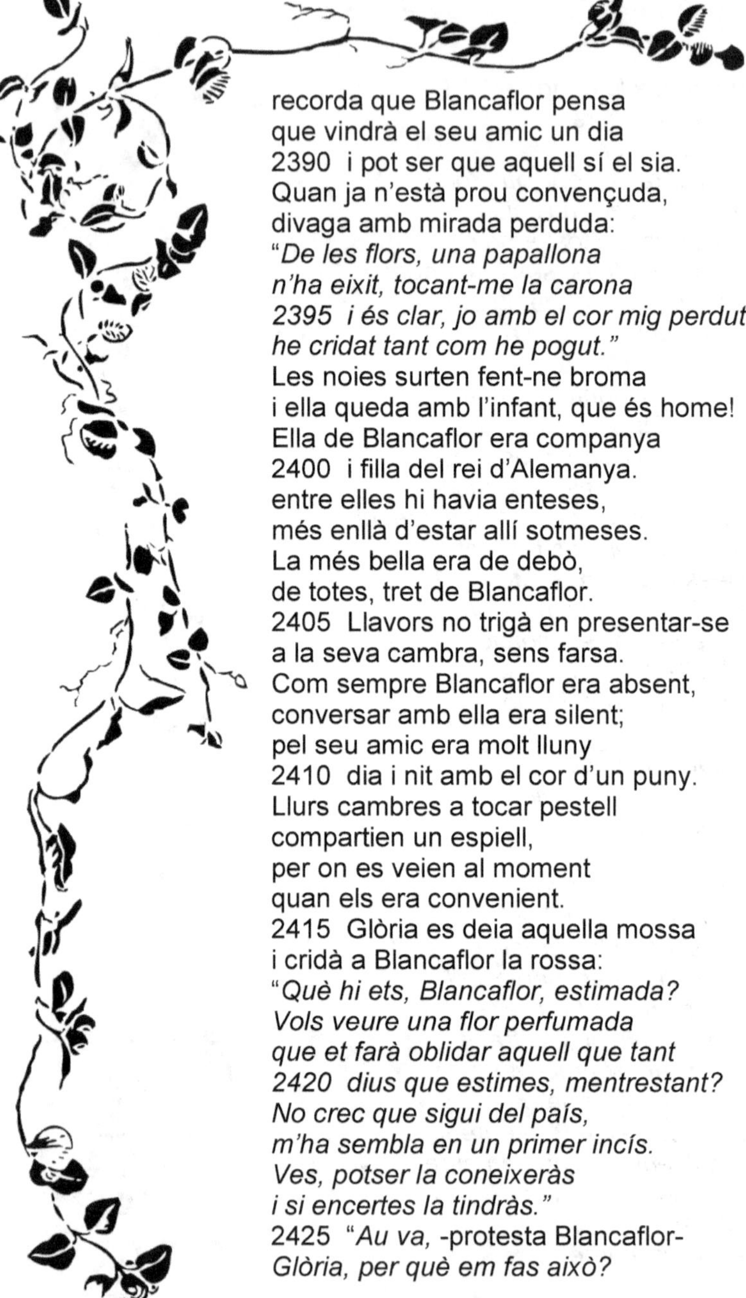

recorda que Blancaflor pensa
que vindrà el seu amic un dia
2390 i pot ser que aquell sí el sia.
Quan ja n'està prou convençuda,
divaga amb mirada perduda:
"De les flors, una papallona
n'ha eixit, tocant-me la carona
2395 i és clar, jo amb el cor mig perdut
he cridat tant com he pogut."
Les noies surten fent-ne broma
i ella queda amb l'infant, que és home!
Ella de Blancaflor era companya
2400 i filla del rei d'Alemanya.
entre elles hi havia enteses,
més enllà d'estar allí sotmeses.
La més bella era de debò,
de totes, tret de Blancaflor.
2405 Llavors no trigà en presentar-se
a la seva cambra, sens farsa.
Com sempre Blancaflor era absent,
conversar amb ella era silent;
pel seu amic era molt lluny
2410 dia i nit amb el cor d'un puny.
Llurs cambres a tocar pestell
compartien un espiell,
per on es veien al moment
quan els era convenient.
2415 Glòria es deia aquella mossa
i cridà a Blancaflor la rossa:
"Què hi ets, Blancaflor, estimada?
Vols veure una flor perfumada
que et farà oblidar aquell que tant
2420 dius que estimes, mentrestant?
No crec que sigui del país,
m'ha sembla en un primer incís.
Ves, potser la coneixeràs
i si encertes la tindràs."
2425 "Au va, -protesta Blancaflor-
Glòria, per què em fas això?

et de Blanceflor porpensee :
ce fu ses amis, bien le sot,
que ele tant regreter sot.
Quant ele se fu porpensee,
 si a parlé comme senee :
« Des flors sali uns paveillon,
des eles feri mon menton.
Del paveillon tel paor oi
que m'escriai plus tost que poi. »
 Arriere s'en revont gabant,
ele remest seule o l'enfant.
Ele ert a Blanceflor compaigne ;
fille estoit au roi d'Alemaigne.
Entre les .II. molt s'entramoient,
 ensanle a l'amirail aloient.
La plus bele estoit de la tour
de toutes, aprés Blanceflor.
Illueques pas grant plait ne tint,
en la cambre Blanceflor vint.
 Blanceflor est de l'autre part.
S'ele parole, c'est a tart :
en son ami a mis s'entente,
por lui est nuit et jor dolente.
Les cambres prés a prés estoient ;
 entre les .II. un huis avoient
par coi l'une a l'autre venoit
quant son bon dire li voloit.
Gloris ot non la damoisele.
Blanceflor doucement apele :
 « Bele compaigne Blanceflor,
volés vos veoir bele flor
et tele que molt amerés,
mon essient, quant le verrés ?
 Tel flor n'a nule en cest païs ;
 ele n'i crut pas, ce m'est vis.
Venés i, si le connistrés ;
donrai le vos se vos volés.
— Avoi ! fait Blanceflor, Gloris,
por coi si griement m'escarnis ?

Sempre, sempre et burles de mi,
de la meva esperança aquí;
m'escarneixes perquè estic trista;
2430 mes noia, amb amor a la vista,
es bo que rebis flors. Va, Glòria,
germana, amiga, és dilatòria
la meva fi. L'emir em vol,
però per sort déu ho ressol:
2435 L'emir el meu amor tindrà,
com Floris té Blancaflor en mà.
Per l'amor que estimo més bé
abans m'haurà morta, en darrer.
Amic és molt menys que marit
2440 si jo a Floris perdo fallit!"
Sentint-la aquella es compadí
i tota ella els mots endolcí:
"Vine. Encara em sembla més bo
que vinguis a veure la flor."
2445 Que fos la insistència al mot,
el cert és que hi va córrer i tot.
Allí Floris la va sentir;
venia l'amiga, ara sí.
Tot decidit sortí del cove,
2450 rialler i amb cara nova;
es trobava un home millor.
Blancaflor el conegué en rodó
i ell també l'hagué coneguda;
ell hagué el seu drut, ell sa druda.
2455 S'abraçaren sense dir res;
la joia prou hi feia el ple,
la tendresa i l'amor el so.
Dels plors Floris i Blancaflor
en braços d'un i altre lligats,
2460 un llarg petó els tingué callats.
D'absents el bes tingué durada,
ben llarg fins fer-ne l'aturada.
Els vers petons que són d'amor
no saben temps sols de sabor.
2465 Sens fer cap mot i fit a fit

Pecié faites, en moie foi,
quant vos ensi gabés de moi.
Damoisele qui a amor
et joie en soi doit avoir flor.
Bele suer Gloris, douce amie,
 prés est li termes de ma vie.
Li amirals dist qu'il m'ara,
mais, se Diu plaist, il i faura.
L'amirals faura a m'amor
com fait Flores a Blanceflor.
 Por soie amor engien querrai
et priveement m'ocirrai.
Ami ne vaurai ne mari
quant jou au bel Flore ai fali. »
Quant cele l'ot, pitiés l'en prent,
 puis se li a dit doucement :
« Damoisele, por soie amor
vos requier que veés la flor. »
Quant de s'amor conjuré l'ot,
o li s'en va com plus tost pot.
 Flores a la parole oïe.
Quant sot de voir que c'est s'amie,
de la corbeille sali hors.
Visage ot cler et gent le cors,
onques nus plus biaus hom ne fu.
 Blanceflor l'a tost coneü,
et il ra bien li coneüe ;
el vit son dru et il sa drue.
Sus s'entrekeurent sans parler,
grant joie font a l'assambler.
 De grant pitié, de grant amor,
pleure Flores et Blanceflor.
De ses bras li uns l'autre lie
et en baisier cascuns s'oublie.
El baisier a une loee,
 qu'il font a une reposee.
Lor baisiers est de douce amor,
molt l'asaveurent par douçor.
Quant le laissent, nul mot ne dient,

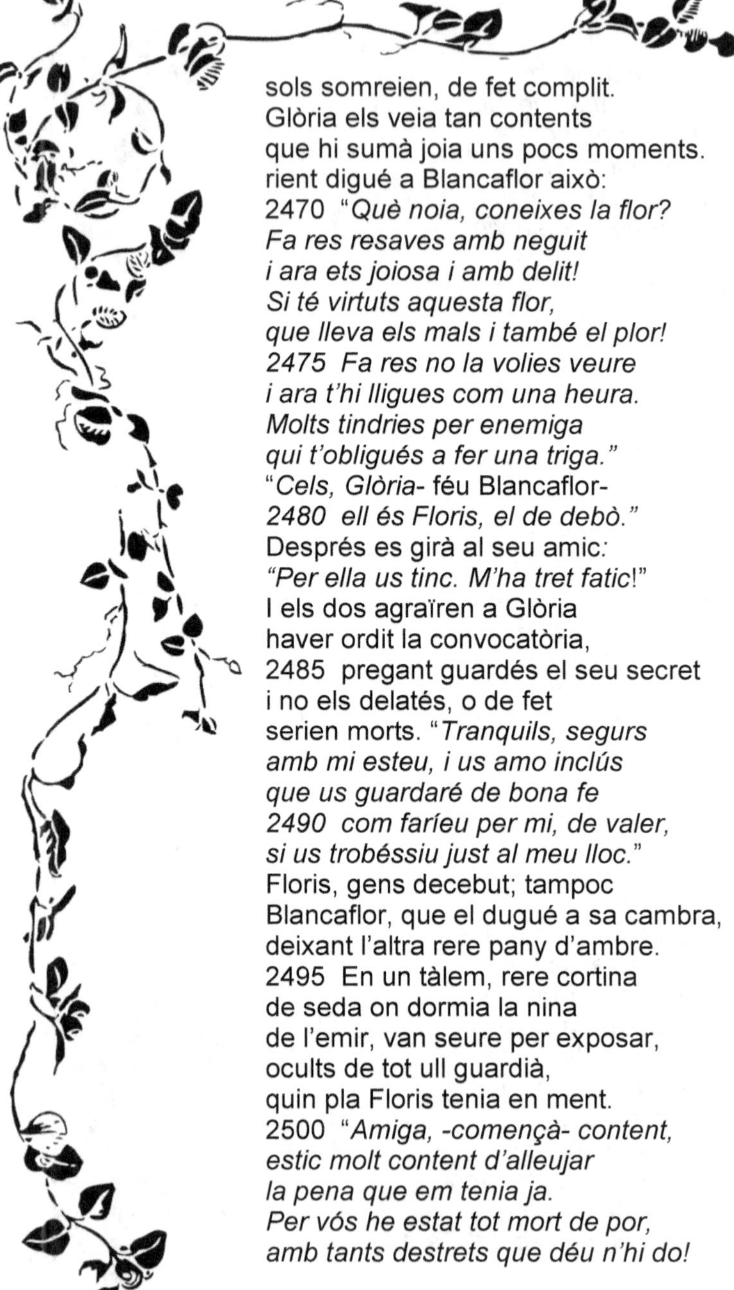

sols somreien, de fet complit.
Glòria els veia tan contents
que hi sumà joia uns pocs moments.
rient digué a Blancaflor això:
2470 *"Què noia, coneixes la flor?*
Fa res resaves amb neguit
i ara ets joiosa i amb delit!
Si té virtuts aquesta flor,
que lleva els mals i també el plor!
2475 *Fa res no la volies veure*
i ara t'hi lligues com una heura.
Molts tindries per enemiga
qui t'obligués a fer una triga."
"Cels, Glòria- féu Blancaflor-
2480 *ell és Floris, el de debò."*
Després es girà al seu amic:
"Per ella us tinc. M'ha tret fatic!"
I els dos agraïren a Glòria
haver ordit la convocatòria,
2485 pregant guardés el seu secret
i no els delatés, o de fet
serien morts. *"Tranquils, segurs*
amb mi esteu, i us amo inclús
que us guardaré de bona fe
2490 *com faríeu per mi, de valer,*
si us trobéssiu just al meu lloc."
Floris, gens decebut; tampoc
Blancaflor, que el dugué a sa cambra,
deixant l'altra rere pany d'ambre.
2495 En un tàlem, rere cortina
de seda on dormia la nina
de l'emir, van seure per exposar,
ocults de tot ull guardià,
quin pla Floris tenia en ment.
2500 *"Amiga, -començà- content,*
estic molt content d'alleujar
la pena que em tenia ja.
Per vós he estat tot mort de por,
amb tants destrets que déu n'hi do!

ains s'entresgardent, si sosrient.
 Gloris voit lor contenement,
lor joie et lor acointement.
En riant dist a Blanceflor :
« Compaigne, conissiés la flor ?
Orains estiés vos deshaitie,
 mais or vos voi joiant et lie !
Grant vertu a icele flors,
qui si tost taut si grans dolors.
Orains ne le voliés veoir,
or n'avés nul si cier avoir !
 Molt esteroit vostre anemie
qui vos en feroit departie.
— Kieles ! fait Blanceflor, Gloris,
ja est çou Flores, mes amis ! »
Puis se torne vers son ami :
 « Par li vos ai, soie merci. »
Gloris de Diu forment mercient
et en plorant merci li crient
que par li descovert ne soient,
car mort u desfait en seroient.
 « Bien en poés estre asseür,
la rien que plus aim vos en jur,
garderai vos en boine foi
si comme jou feroie a moi
se ensement m'iert avenu. »
 Quant Flores l'ot, joians en fu.
Et Blanceflor adont l'en maine
en la soie cambre demaine.
En un arvol d'une cortine
de soie u gisoit la meschine
 se sont assis priveement.
Aprés dist cascuns son talent.
Flores a premiers commencié :
« Amie, fait il, molt sui lié.
Molt ai bien ma paine akievee
 quant jou ensi vos ai trovee.
Por vos ai esté de mort prés
et de travail soffert grant fés.

2505 *D'ençà que us vaig perdre mateix*
no he tingut repòs ni panteix.
I ara que ja us tinc a l'abast
tot mal fuig i el cor tinc més vast."
Ella va respondre: "*Sou Floris*
2510 *que va ser enviat a Montoris,*
del qui pare i rei, per enveja,
em vengué, com qui fa neteja?
Sapigueu dolç amic, que us tinc
per llest i us estimo i mantinc
2515 *la joia amb vós sols. Que partit*
el cor he tingut dia i nit,
esperant-vos. Com heu vingut?
Per encantaments? què ha calgut?
Bon amic Floris, sé que us veig
2520 *i els ulls ho fan fantasieig!*
mes vull que sigueu qui sublimo,
sigueu qui sigueu, us estimo!"
Ell va abraçar-la de seguida,
responent la noia a la crida.
2525 Després, un a l'altre amb requesta,
va explicar la seva gesta
d'ençà que els varen separar,
just fins poder-se trobar a allà.
Quinze dies van passar junts;
2530 menjant, bevent, detalls fecunds
passats, guanyant goig, fer fets llurs
que els omplissin temps futurs.
Pacient Glòria els mimava,
servint-los, llevant qualque trava
2535 en quelcom, llur menjar o el seu,
i fent molt li semblava lleu.

Si aquesta vida els durés
no voldrien que canviés.
El bell Floris i Blancaflor
2540 tindrien amor fent això.
Però tot no dura, amb l'amor
juga Fortuna sens rubor.

Onques, puis que perdu vos oi,
joie ne repos ainc puis n'oi.
 Quant je vos ai a mon talent,
il m'est avis nul mal ne sent. »
Ele respont : « Estes vos Floire,
qui fut envoiés a Montoire,
a cui me toli par envie
 li rois ses pere o trecerie ?
Biaus dous amis, je vos fac sage
que je vos aim de boin corage :
ainc puis n'oi joie ne deduit,
saciés, ne par jor ne par nuit.
 Comment venistes vos çaiens ?
Çou cuit que soit encantemens.
Biaus amis Flores, je vos voi
et neporquant si vos mescroi !
Mais, amis, qui que vos soiés,
 forment vos aim, ça vos traiés ! »
Et il si fist com plus tost pot ;
la damoisele bien le got.
Aprés a l'uns l'autre conté
confaitement il ont erré
des icel jour qu'il departirent
dusqu'a celui qu'il s'entrevirent.
Quince jors entiers iloec furent,
ensanle mangierent et burent
 et orent joie a lor talent,
si se deduisent lïement.
Gloris les garde en boine foi
et si les sert molt bien a moi ;
et de lor mangier et del sien
 les sert Gloris, molt lor est bien.

Se cele vie lor durast,
ja mais cangier ne le rovast
Flores li biaus et Blanceflor,
ensi menaissent lor amor.
 Mais ne porent, car lor amors
torna Fortune, par ses mors.

De llur amor i de llur vida
ella en tingué enveja sens mida.
2545 Per'xò se'ls volia rifar
i posà la roda a girar.
Els va portar al cim uns segons
i amb tant poc els va tombar al fons.
Tal és o té aquesta natura
2550 en això s'entesta i pren cura;
la saben d'anar avall o a amunt,
de cops, tots n'han rebut algun.
i per'xò no se la té per estable.
Fortuna amb rampells no és fiable!
2555 Segons com a uns pren i a altres dóna;
set cops, entre primera i nona.
No li calen pas els mèrits
per donar, ni valors pretèrits,
prou se sap que al foll rematat
2560 li dóna un reialme o un comtat;
les vicaries als truans
i fa als bons clergues mendicants.
Qui li penja estabilitat
el tinc per foll més que provat.
2565 Aquell que no la fa dadora
tampoc mai li dirà senyora.
o bé ens fa plorar o bé ens fa riure,
porta joia o bé malviure
però si és joia primer
2570 l'angoixa serà el pagaré.

Un matí, recient llevada,
Glòria començà diada.
Cridà Blancaflor del llindar.
Ella respongué: "*Ja vaig, ja!*"
2575 Mig dormida li va respondre
però el son tornà a recompondre.
Aquella assistí a l'emir
i ell, mancant l'altra, li exigí
com no hi era, volent saber.
2580 Glòria respongué: "*Mercè!*

De lor amor et de lor vie
demoustra bien qu'ele ot envie.
Por çou que d'aus voloit jüer,
 sor aus fait sa roe torner.
Or les avoit assis desus,
et abattre les revelt jus.
Çou est ses jus, c'est sa nature,
en çou met s'entente et sa cure,
 bien le connoissent cil del mont,
car tout le sentent qui i sont,
por çou que ne puet estre estable
et Fortune torne sans fable.
As uns taut et as autres done,
 .VII. fois mue entre prime et none.
El ne garde pas a proece
a doner largement rikece ;
ce set on bien, au fol prové
done roiame u grant conté
 et les veskiés done as truans
et les boins clercs fait pain querans.
Qui en li cuide estableté,
je le tieng bien por fol prové ;
qui en son doner point se fie
 ne connoist pas sa drüerie.
Or fait plourer et or fait rire,
or done joie et or done ire ;
ceus fist primes joieus et liés,
puis angoisseus et coreciés.

 Par un matin se fu levee
bele Gloris et conraee ;
Blanceflor la preus apela.
El respont : « Alés, g'irai ja. »
En dormillant li respondi,
 eneslepas se rendormi.
Ele est a l'amirail venue ;
il li demande de sa drue
por coi ne vient et or n'est ci.
Gloris respont : « Sire, merci !

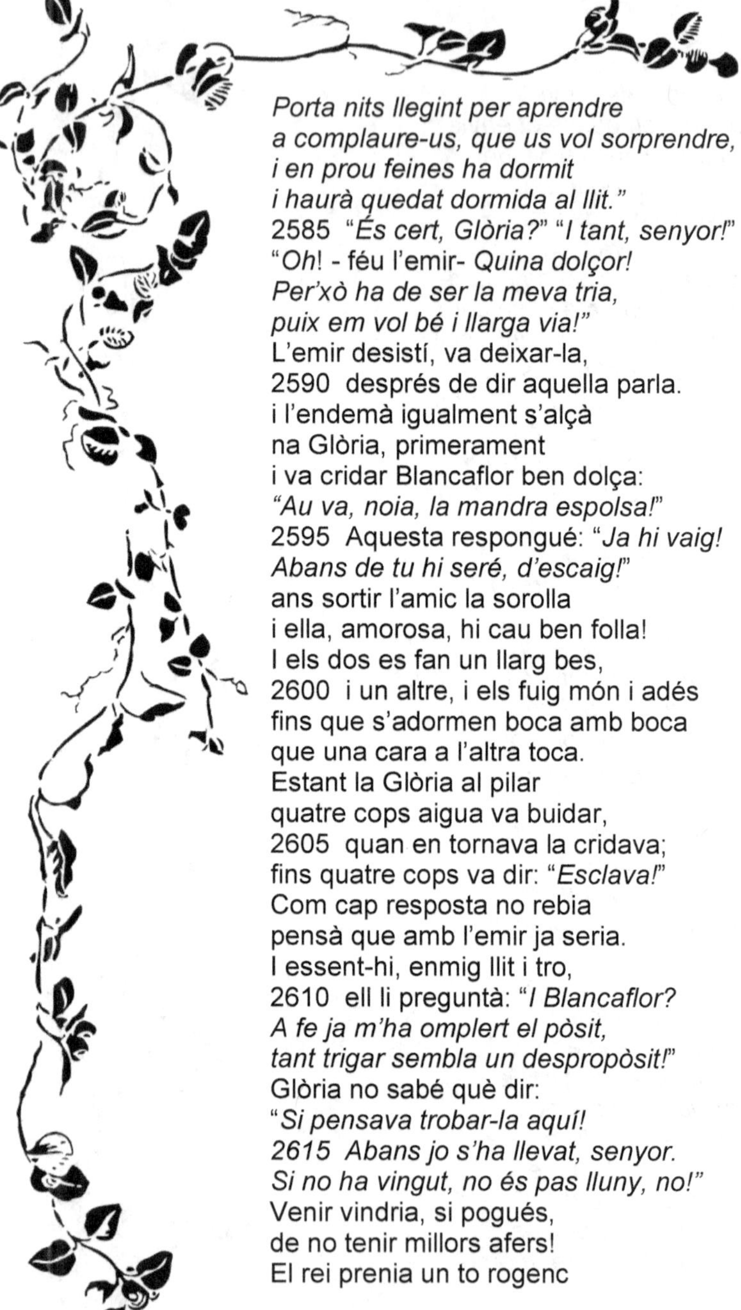

Porta nits llegint per aprendre
a complaure-us, que us vol sorprendre,
i en prou feines ha dormit
i haurà quedat dormida al llit."
2585 *"És cert, Glòria?" "I tant, senyor!"*
"Oh! - féu l'emir- Quina dolçor!
Per'xò ha de ser la meva tria,
puix em vol bé i llarga via!"
L'emir desistí, va deixar-la,
2590 després de dir aquella parla.
i l'endemà igualment s'alçà
na Glòria, primerament
i va cridar Blancaflor ben dolça:
"Au va, noia, la mandra espolsa!"
2595 Aquesta respongué: *"Ja hi vaig!*
Abans de tu hi seré, d'escaig!"
ans sortir l'amic la sorolla
i ella, amorosa, hi cau ben folla!
I els dos es fan un llarg bes,
2600 i un altre, i els fuig món i adés
fins que s'adormen boca amb boca
que una cara a l'altra toca.
Estant la Glòria al pilar
quatre cops aigua va buidar,
2605 quan en tornava la cridava;
fins quatre cops va dir: *"Esclava!"*
Com cap resposta no rebia
pensà que amb l'emir ja seria.
I essent-hi, enmig llit i tro,
2610 ell li preguntà: *"I Blancaflor?*
A fe ja m'ha omplert el pòsit,
tant trigar sembla un despropòsit!"
Glòria no sabé què dir:
"Si pensava trobar-la aquí!
2615 Abans jo s'ha llevat, senyor.*
Si no ha vingut, no és pas lluny, no!"
Venir vindria, si pogués,
de no tenir millors afers!
El rei prenia un to rogenc

Tote nuit a liut en son livre
que a joie peüssiés vivre,
k'a paines tote nuit dormi,
contre le jor se rendormi.
— Est çou voirs, Gloris ? — Sire, oïl.
  — Molt est france cose ! fait il.
Bien doit estre cele m'amie
qui veut que j'aie longe vie ! »
Li amirals en ot pitié,
por çou si l'a ensi laissié.
 Et l'endemain tot ensement
lieve Gloris premierement ;
Blanceflor doucement apele :
« Trop avons ci demoré, bele. »
Cele respont : « Je me conroi.
 Ains de vos i serai, ce croi. »
Atant ses amis le racole
et ele lui, si fait que fole,
et puis l'a baisié et il li.
En baisant se sont rendormi.
 Ensanle dorment bouce a bouce,
que l'une face a l'autre touce.
Gloris fu au piler alee,
el basin a l'aigue versee.
Quant ele revint, si l'apele,
.IIII. fois li dist : « Damoisele ! »
Quant ele rien ne respondoit,
dont cuide bien k'alee en soit.
Ele vient au lit son signor.
Quant le vit : « U est Blanceflor ?
Par foi, fait il, molt poi me crient,
que tant demeure et que ne vient. »
En Gloris n'ot que porpenser :
« Par foi, ci le cuidai trover,
sire, car ains de moi leva.
 Quant n'est venue, ja venra. »
Venue fust s'ele peüst,
s'autre oquison trové n'eüst !
Li rois ot son cuer trespensé.

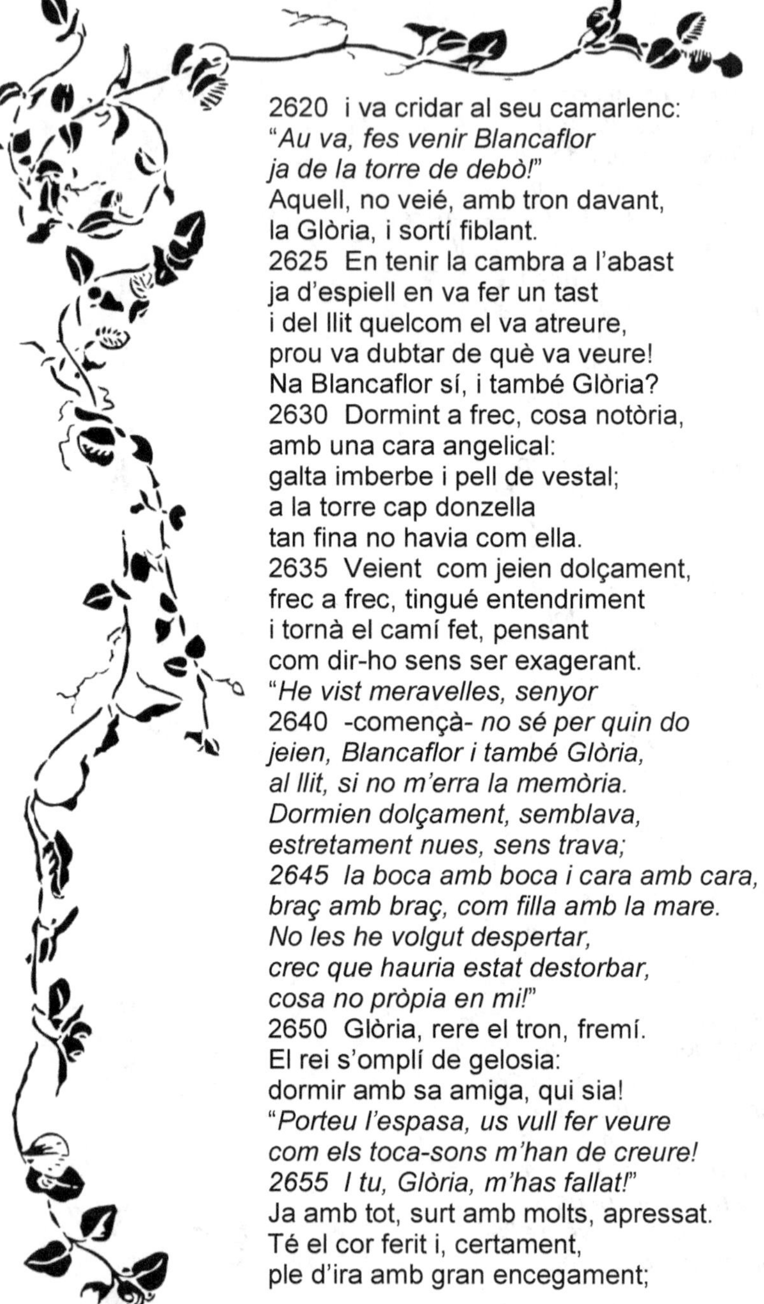

2620 i va cridar al seu camarlenc:
"Au va, fes venir Blancaflor
ja de la torre de debò!"
Aquell, no veié, amb tron davant,
la Glòria, i sortí fiblant.
2625 En tenir la cambra a l'abast
ja d'espiell en va fer un tast
i del llit quelcom el va atreure,
prou va dubtar de què va veure!
Na Blancaflor sí, i també Glòria?
2630 Dormint a frec, cosa notòria,
amb una cara angelical:
galta imberbe i pell de vestal;
a la torre cap donzella
tan fina no havia com ella.
2635 Veient com jeien dolçament,
frec a frec, tingué entendriment
i tornà el camí fet, pensant
com dir-ho sens ser exagerant.
"He vist meravelles, senyor
2640 -començà- *no sé per quin do*
jeien, Blancaflor i també Glòria,
al llit, si no m'erra la memòria.
Dormien dolçament, semblava,
estretament nues, sens trava;
2645 *la boca amb boca i cara amb cara,*
braç amb braç, com filla amb la mare.
No les he volgut despertar,
crec que hauria estat destorbar,
cosa no pròpia en mi!"
2650 Glòria, rere el tron, fremí.
El rei s'omplí de gelosia:
dormir amb sa amiga, qui sia!
"Porteu l'espasa, us vull fer veure
com els toca-sons m'han de creure!
2655 *I tu, Glòria, m'has fallat!"*
Ja amb tot, surt amb molts, apressat.
Té el cor ferit i, certament,
ple d'ira amb gran encegament;

Son cambrelenc a apelé :
« Va, fait-il, haste Blanceflor,
que tost descende de la tour. »
Cil ne s'est mie aperceüs
de Gloris, sus en est venus.
Quant vint en la cambre maniere,
 par mi l'arvol de la verriere
le lit a tost aperceü ;
vis li est qu'il i a veü
Blanceflor et bele Gloris.
Por coi ne li fust il avis ?
 K'a face n'a menton n'avoit
barbe, ne grenons n'i paroit :
en la tor n'avoit damoisele
qui de visage fust plus bele.
Quant il les vit tant doucement
 jesir andeus, pitiés l'en prent,
esbahis fu, si s'en revait ;
a son signor conte ce plait :
« Sire, merveilles ai veü !
Ainc mais si grans amors ne fu
 com a Blanceflor vers Gloris
et ele a li, ce m'est avis.
Ensanle dorment doucement,
acolé s'ont estroitement,
et bouce a bouce et face a face
 s'ont acolé, et brace a brace.
De pitié nes voel esvillier,
trop les cremoie a travillier.
Molt lor siet a gesir ensanle. »
Quant Gloris l'ot, de paor tranle.
 Li rois entra en jalousie,
crient que aucuns gise o s'amie :
« Aportés moi, fait il, m'espee,
s'irai veïr cele assanlee.
Vois ci Gloris, tu as failli ! »
 Atant se lieve a cuer mari.
Coureciés est par verité
et molt par a son cuer iré.

com un orb guiant tot un grup,
2660 per gelosia el dol l'ajup
i desfermat el cor, ple d'ànsia
de clavar els ulls amb repugnància
al que ha gosat tocar l'amiga;
no pas per gelosia triga,
2665 l'Amor li cou. amb els servents
pujà amunt els graons, corrents,
fermada al puny, l'espasa nua,
i un cop a la cambra s'afua
vers les finestres i les fa obrir
2670 perquè el sol s'instal·li allí.
Els infants, fent un son patent,
servaven l'abraçada ardent;
boca amb boca en etern instant;
si volia el Rei Tot Puixant
2675 llur joia acabar amb tristesa
per déu, ara era avinentesa!
A la cambra gran claredat
hi empenyia el sol entrat.
El sol era molt resplendent,
2680 deixava veure clarament:
clissà l'amiga, Blancaflor;
l'altre ignorava de debò
qui era. Floris jeia amb ella
per l'emir semblava donzella;
2685 cap tret d'home, barba no havia,
ni bigoti, com majoria;
fora Blancaflor, a la torre
tant bella no en solien córrer.
El rei, de fet, no el coneixia.
2690 Rabejava de gelosia,
trets d'amor, trets de clara traça,
que d'ell crien com més jorns passa.
"Destapa'ls els pits, -féu- primer,
camarlenc; a l'altre també.
2695 Primer els mirarem les mamelles
abans no es despertin per elles."
Aquell va fer-ho i de seguida

Adont s'en vont tot cele part.
De jalousie trestous art,
 car por voir il ne cuidoit mie
que nus osast amer s'amie.
Et neporquant par jalousie
li met Amors el cuer envie.
Il et ses cambrelens s'en vont,
par les degrés montent amont,
en son puing tint sa nue espee,
en la cambre entre a recelee.
Il a fait la fenestre ovrir
que li solaus puist ens venir.
 Li enfant doucement dormoient,
estroit acolé se tenoient ;
bouce a bouce ert cascuns dormans.
S'or n'en pense li Rois poissans,
lor joie iert par tristor fenie,
 se il nen ont Diu en aïe.
En la cambre grant clarté ot
quant li solaus entrer i pot ;
li jors fu ja bien esclarcis.
Quant il les vit, tous fu maris ;
 Blanceflor connut bien, s'amie,
mais l'autre connut n'avoit mie.
Flores o s'amie gisoit ;
en son vis nul sanlant n'avoit
qu'il fust hom, car a son menton
 n'avoit ne barbe ne grenon ;
fors Blanceflor n'avoit tant bele
en la tor nule damoisele.
Li rois le voit, nel connut mie.
Griement le point la jalousie.
 Tex est amors et tex sa teke,
çou dont se crient tos jors seneke.
« Descoevre, fait il, les poitrines,
au cambrelenc, des .II. mescines ;
les mameles primes verrons
 et puis si les esvillerons. »
Cil les descoevre, s'aparut

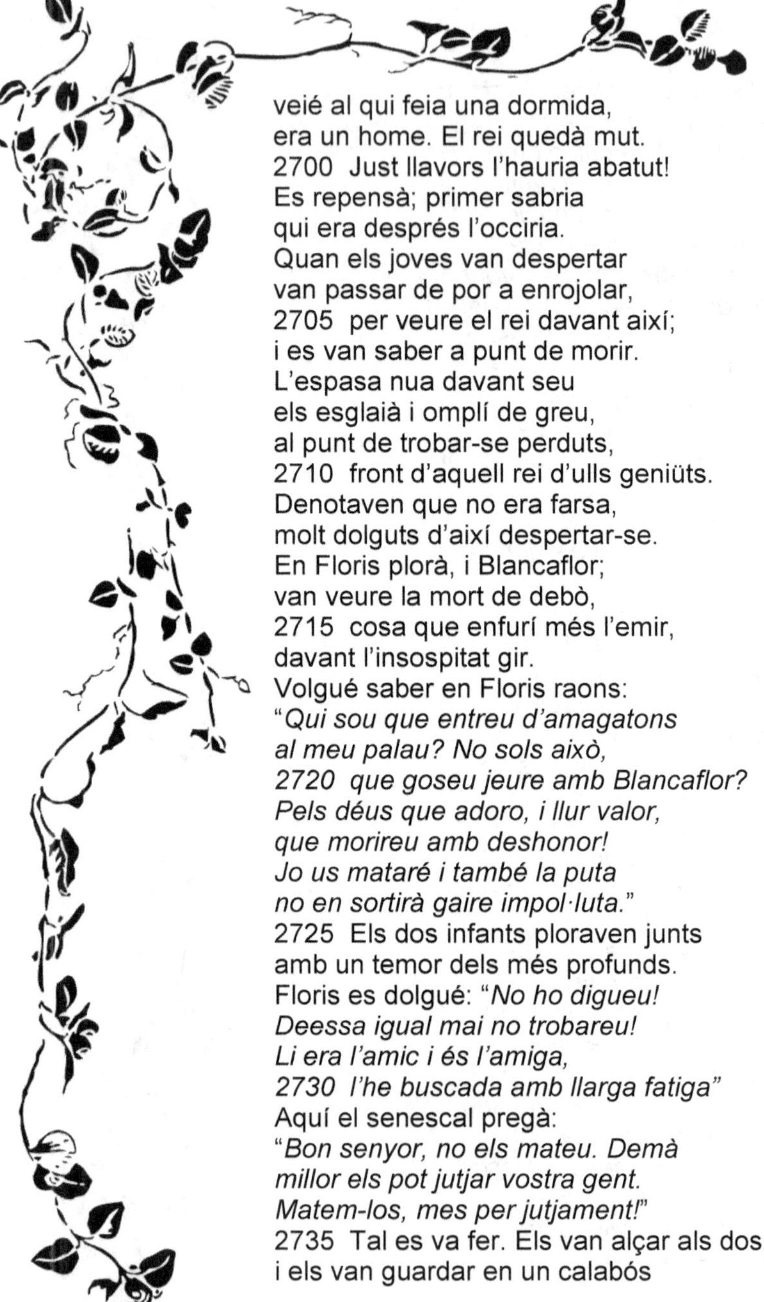

veié al qui feia una dormida,
era un home. El rei quedà mut.
2700 Just llavors l'hauria abatut!
Es repensà; primer sabria
qui era després l'occiria.
Quan els joves van despertar
van passar de por a enrojolar,
2705 per veure el rei davant així;
i es van saber a punt de morir.
L'espasa nua davant seu
els esglaià i omplí de greu,
al punt de trobar-se perduts,
2710 front d'aquell rei d'ulls geniüts.
Denotaven que no era farsa,
molt dolguts d'així despertar-se.
En Floris plorà, i Blancaflor;
van veure la mort de debò,
2715 cosa que enfurí més l'emir,
davant l'insospitat gir.
Volgué saber en Floris raons:
"Qui sou que entreu d'amagatons
al meu palau? No sols això,
2720 *que goseu jeure amb Blancaflor?*
Pels déus que adoro, i llur valor,
que morireu amb deshonor!
Jo us mataré i també la puta
no en sortirà gaire impol·luta."
2725 Els dos infants ploraven junts
amb un temor dels més profunds.
Floris es dolgué: *"No ho digueu!*
Deessa igual mai no trobareu!
Li era l'amic i és l'amiga,
2730 *l'he buscada amb llarga fatiga"*
Aquí el senescal pregà:
"Bon senyor, no els mateu. Demà
millor els pot jutjar vostra gent.
Matem-los, mes per jutjament!"
2735 Tal es va fer. Els van alçar als dos
i els van guardar en un calabós

que cil est hom qui illuec jut.
Tel duel en a ne pot mot dire.
Eneslepas le vaut ocirre,
 puis se porpense k'ains sara
qui il est, puis si l'ocirra.
Entretant il enfant s'esveillent ;
paor ont grant, si s'esmerveillent
quant il le roi devant ex voient,
 dont cuident bien que morir doient.
L'espee nue sor aus virent,
grant paor orent, si fremirent,
et de çou furent esperdu
quant le roi orent perceü.
 Dolant furent et courecié
quant il se furent esveillié.
Flores plora et Blanceflor ;
morir cuident sans nul retor.
 Et li rois en fu molt irés
 quant il les a ensi trovés.
Il en a Flore a raison mis :
« Qui estes qui tant estes bris
k'osastes entrer en ma tour
et coucier avoec Blanceflor ?
 Par tos les diex a cui j'aour,
ancui morrés a deshonor !
Ocirrai vos et la putain,
ançois qu'escapés, de ma main. »
Li doi enfant andoi ploroient
 et de pitié s'entresgardoient.
Flores respont : « Por Diu, nel dites !
Ainc millor cose ne veïstes.
Ses amis sui, ele est m'amie,
trovee l'ai tant l'ai sivie. »
 Et li senescaus au roi prie :
« Biax sire, nes ociés mie
tant que jugié l'aient vo gent,
ses ociés par jugement. »
Il lor done, ses fait lever.
 Estroitement les fait garder,

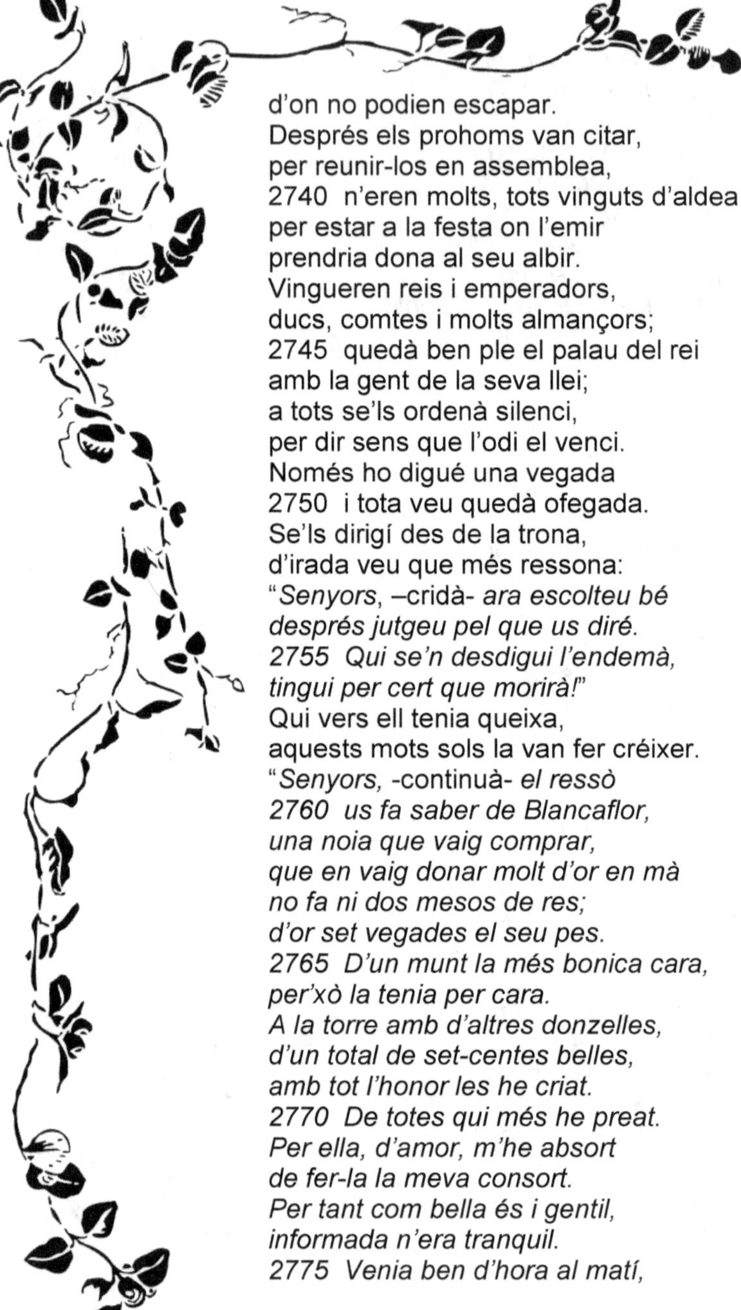

d'on no podien escapar.
Després els prohoms van citar,
per reunir-los en assemblea,
2740 n'eren molts, tots vinguts d'aldea
per estar a la festa on l'emir
prendria dona al seu albir.
Vingueren reis i emperadors,
ducs, comtes i molts almançors;
2745 quedà ben ple el palau del rei
amb la gent de la seva llei;
a tots se'ls ordenà silenci,
per dir sens que l'odi el venci.
Només ho digué una vegada
2750 i tota veu quedà ofegada.
Se'ls dirigí des de la trona,
d'irada veu que més ressona:
"*Senyors, –cridà- ara escolteu bé*
després jutgeu pel que us diré.
2755 Qui se'n desdigui l'endemà,
tingui per cert que morirà!"
Qui vers ell tenia queixa,
aquests mots sols la van fer créixer.
"*Senyors, -continuà- el ressò*
2760 us fa saber de Blancaflor,
una noia que vaig comprar,
que en vaig donar molt d'or en mà
no fa ni dos mesos de res;
d'or set vegades el seu pes.
2765 D'un munt la més bonica cara,
per'xò la tenia per cara.
A la torre amb d'altres donzelles,
d'un total de set-centes belles,
amb tot l'honor les he criat.
2770 De totes qui més he preat.
Per ella, d'amor, m'he absort
de fer-la la meva consort.
Per tant com bella és i gentil,
informada n'era tranquil.
2775 Venia ben d'hora al matí,

que il ne puissent escaper.
Aprés fait ses barons mander.
Li baron furent assamblé
contre la feste en la cité,
 car li termes molt prés estoit
que sa feme prendre devoit.
Vienent roi et empereour,
et duc, et conte, et aumaçor.
Tous emplist li palais le roi
 de sa gent qui sont de sa loi.
Il les a fait trestous taisir,
car dire lor veut son plaisir.
Tantost com il l'ot commandé,
ainc n'i ot puis un mot soné.
 Il s'est dreciés en son estage ;
iriés est molt en son corage :
« Signor, fait il, or escoutés,
puis jugiés droit de çou k'orrés.
Et qui de droit se defaura
 c'est l'oquisons par coi morra. »
Qui vers lui dont forfait se set
ceste parole forment het.
« Signor, fait-il, tot li pluisor,
avés oï de Blanceflor,
 une pucele c'acatai.
Grant masse d'or por li donai :
encore n'a il pas .II. mois
d'or i donai .VII. fois son pois.
Sa biautés fu entre autres fiere,
 por çou l'avoie forment ciere.
En la tor entre mes puceles,
dont il i a .VIIxx. de beles,
a honor servir le faisoie.
Sor totes ciere le tenoie.
 En li avoie tele amor
k'en voloie faire m'oisçor.
Por çou qu'ele ert et bele et gente
avoie en li mise m'entente.
Cascun matin soloit venir

sempre al despertar-me, a servir.
Ahir matí, d'habitual
no vingué com era normal.
I avui. He enviat un criat:
2780 i amb un noi dormint l'ha trobat!
Primer s'ha pensat que era noia,
i en dir-m'ho l'he fet un baboia.
I hi he tornat personalment.
Era un noi. M'he encès al moment.
285 L'he trobat tan desvergonyit,
que allí mateix l'hauria occit.
Però senyors, sorprenentment,
m'han demanat que els fos clement.
Allí m'han dit que ho fes d'ofici,
2790 convocant la cort pel judici.
He pensat que raó hi havia,
matar-los, jutjats, era via.
Senyors, ara tot ja ho sabeu,
la meva vergonya jutgeu!"
2795 Un dels reis es posà dempeus
i digué: "Senyor dels meus feus,
ens heu explicat fa un moment
el vostre sincer torbament,
però tanmateix hem de sentir,
2800 abans que amb de llei procedir,
sentir l'acusat defensar-se;
que no ens digui se'l jutja amb farsa
i se'l vol matar, com talment
s'ha dit i se'n fa jutjament.
2805 D'un altre parer era Ilié,
rei de Núvia i molt arter:
"Sènyers, reis –va començar- us dec
gran fe, mes ara en sóc rebec.
Si el meu senyor un lot comprà
2810 té dret a poder-ne matar
el lladre que li ha malmès;
que és clar, queda amb tot dret sospès.
El seu menyspreu posa evident
que pot morir sens jutjament."

a mon lever por moi servir.
Ier matinet, mon essïent,
quant dui lever, ne vint nïent.
Mes cambrelens por li ala.
Un jovencel o li trova
 dormant, cuida que fust pucele.
Eneslepas m'en dist novele.
Jou i alai com plus tost poi ;
quant le trovai, grant ire en oi,
de duel qu'en oi ne peuc mot dire.
 Eneslepas le vauc ocirre.
Signor, si est que je vos di,
il me cria por Diu merci
que en ma cort, voiant ma gent,
les ocie par jugement.
 Porpensai moi que mal feroie
se sans jugier les ocioie.
Signor, oï avés mon conte.
Par jugement vengiés ma honte. »
Uns rois s'en est levés en piés,
 si lor a dit : « Signor, oiés !
Nos sires a conté son conte.
Nos i entendons bien sa honte,
mais neporquant oïr devons,
ains que jugement en faiçons,
 se cil le voloit riens desdire
que nos ne le veons ocirre.
De l'encouper, si com j'entent,
sans respons n'est pas jugement. »
De l'autre part est dans Yliers,
 rois de Nubie fors et fiers :
« Dans rois, fait il, foi que vos doi,
del tot en tot pas ne l'otroi.
Se me sire el forfait le prist,
grant droit eüst que l'ocesit,
 que s'on prent larron el forfait,
vers lui ne doit avoir nul plait.
Ses mesfais mostre apertement,
morir l'estuet sans jugement. »

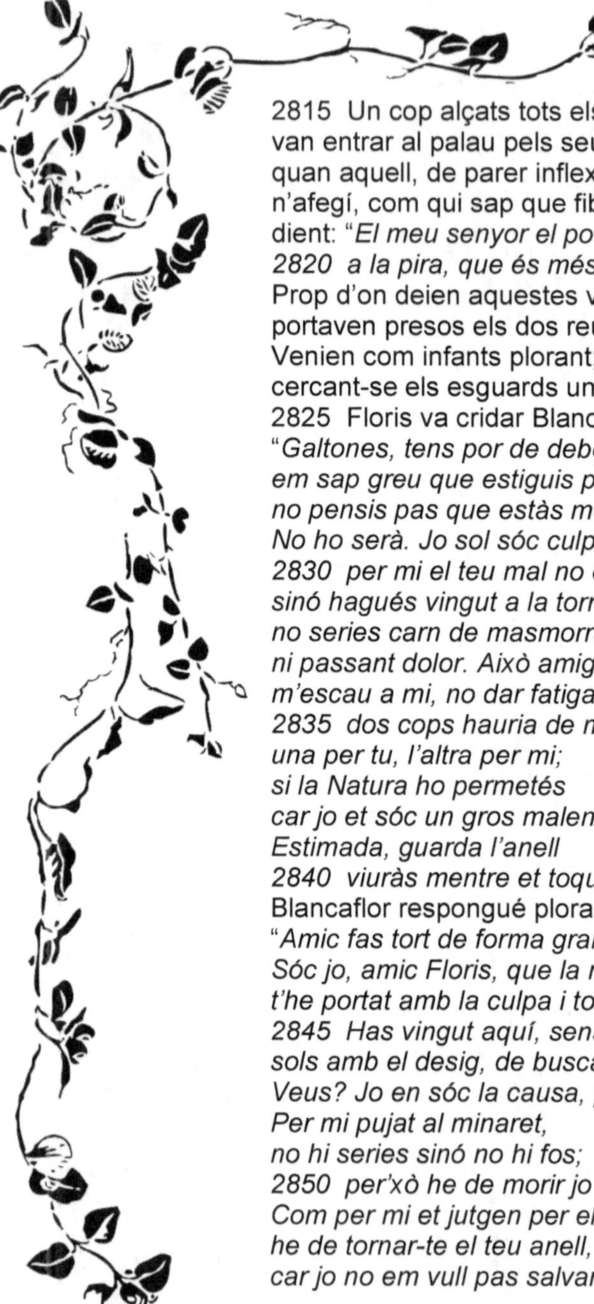

2815 Un cop alçats tots els prohoms
van entrar al palau pels seus noms;
quan aquell, de parer inflexible
n'afegí, com qui sap que fibla,
dient: *"El meu senyor el pot dur*
2820 *a la pira, que és més segur!"*
Prop d'on deien aquestes veus
portaven presos els dos reus.
Venien com infants plorant;
cercant-se els esguards un instant,
2825 Floris va cridar Blancaflor:
"Galtones, tens por de debò;
em sap greu que estiguis patint;
no pensis pas que estàs morint.
No ho serà. Jo sol sóc culpable;
2830 *per mi el teu mal no és viable;*
sinó hagués vingut a la torre
no series carn de masmorra,
ni passant dolor. Això amiga
m'escau a mi, no dar fatiga:
2835 *dos cops hauria de morir*
una per tu, l'altra per mi;
si la Natura ho permetés
car jo et sóc un gros malendreç!
Estimada, guarda l'anell
2840 *viuràs mentre et toqui la pell."*
Blancaflor respongué plorant:
"Amic fas tort de forma gran!
Sóc jo, amic Floris, que la mort
t'he portat amb la culpa i tort.
2845 *Has vingut aquí, sense cap arma*
sols amb el desig, de buscar-me.
Veus? Jo en sóc la causa, pobret!
Per mi pujat al minaret,
no hi series sinó no hi fos;
2850 *per'xò he de morir jo per vós.*
Com per mi et jutgen per ell
he de tornar-te el teu anell,
car jo no em vull pas salvar així

Or sont tot li baron levé,
 sus el palais en sont entré ;
quant cil ot dit qui la besoigne
tient a trop malvaise et tesmoigne,
et dist : « Por aus me sire envoit.
Ardoir les face et si l'otroit ! »,
 tel parole vont otriant.
Doi serf les amainent avant.
Il i vinrent forment plorant,
si s'entresgardent doucemant.
Flores apela Blanceflor :
 « Bele, or avons de mort paor,
si avons droit, car bien savons
que sans nisun terme morrons.
Mais, bele, çou vos ai jou fait,
par moi avés vos icest plait.
 Se jou ne venisse en la tor,
n'eüssiés pas ceste dolor.
Par vos ne fu çou pas, amie.
Or en perdrés por moi la vie.
.II. fois deüsse bien morir,
 sel peüst Nature soffrir,
l'une por vos, l'autre por moi,
car trestout est par mon desroi.
Bele, vostre anel bien gardés,
ne morrés pas tant com l'arés. »
 Blanceflor respont en plourant :
« Amis, dist el, tort avés grant !
Biaus amis Flores, de ta mort
ai jou les coupes et le tort.
Vos venistes en ceste terre
 trestot seulement por moi querre.
Jou seule en fui li oquison,
por moi montastes el doignon,
n'i venissiés se jou n'i fuisse ;
morir por vos por çou deüsse.
 Por moi feront le jugement.
Biaus amis, vostre anel vos rent,
car par lui ne voel pas garir

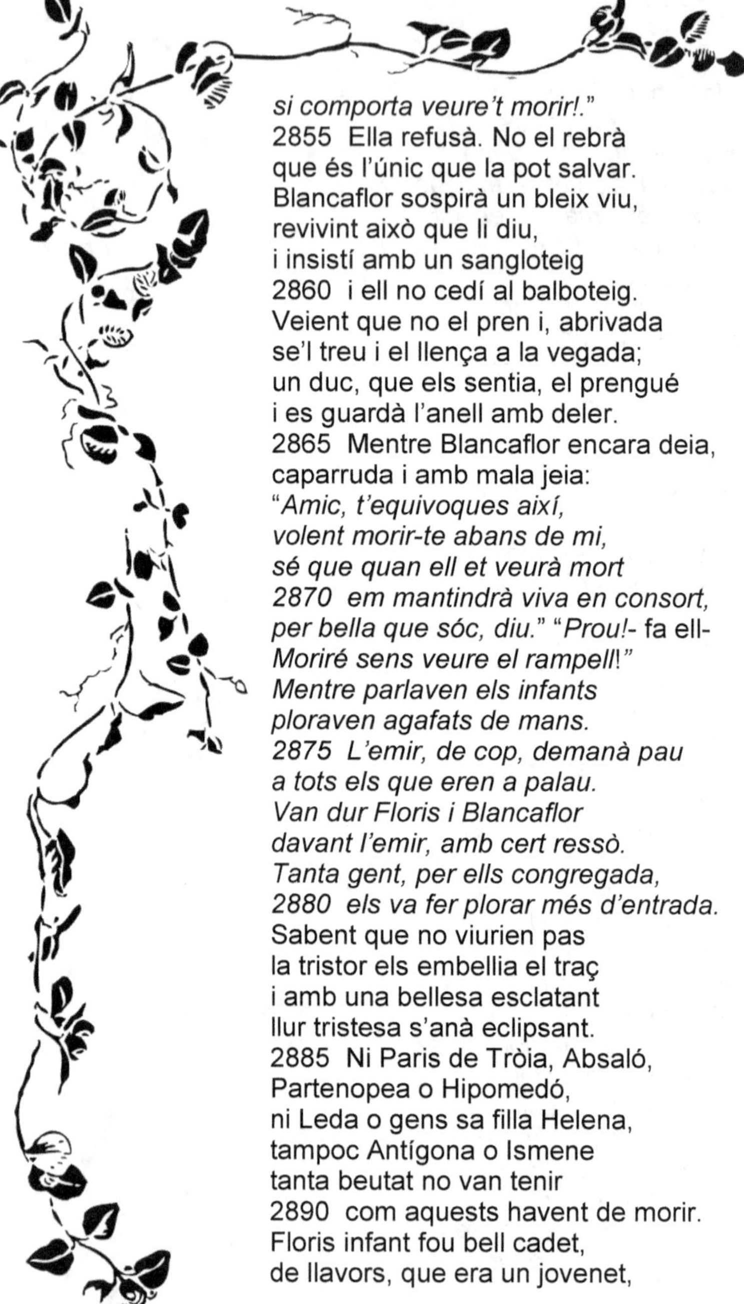

si comporta veure't morir!."
2855 Ella refusà. No el rebrà
que és l'únic que la pot salvar.
Blancaflor sospirà un bleix viu,
revivint això que li diu,
i insistí amb un sangloteig
2860 i ell no cedí al balboteig.
Veient que no el pren i, abrivada
se'l treu i el llença a la vegada;
un duc, que els sentia, el prengué
i es guardà l'anell amb deler.
2865 Mentre Blancaflor encara deia,
caparruda i amb mala jeia:
"Amic, t'equivoques així,
volent morir-te abans de mi,
sé que quan ell et veurà mort
2870 em mantindrà viva en consort,
per bella que sóc, diu." "Prou!- fa ell-
Moriré sens veure el rampell!"
Mentre parlaven els infants
ploraven agafats de mans.
2875 L'emir, de cop, demanà pau
a tots els que eren a palau.
Van dur Floris i Blancaflor
davant l'emir, amb cert ressò.
Tanta gent, per ells congregada,
2880 els va fer plorar més d'entrada.
Sabent que no viurien pas
la tristor els embellia el traç
i amb una bellesa esclatant
llur tristesa s'anà eclipsant.
2885 Ni Paris de Tròia, Absaló,
Partenopea o Hipomedó,
ni Leda o gens sa filla Helena,
tampoc Antígona o Ismene
tanta beutat no van tenir
2890 com aquests havent de morir.
Floris infant fou bell cadet,
de llavors, que era un jovenet,

par si que vos voie morir. »
Il jure Diu nel recevra,
* car ains de li, s'il puet, morra.*
Et Blanceflor adont souspire
de çou que ele li ot dire.
Encor li dist qu'il le prendra,
et cil li dist que non fera.
* Ele voit nel prendra noient,*
dont l'a jeté par maltalent.
Uns dus le prist, qui l'entendi ;
quant l'anel tint, molt s'esjoï.
Et adont a Blanceflor dit,
* qu'ele n'i a mis nul respit :*
« Amis, dist ele, tort ariés
se vosançois de moi moriés,
car bien sai, quant mort vos verroit,
por ma biauté me retenroit.
* — Bele, dist il, ançois morrai,*
certes, que trestot çou fait ai. »
Issi parlant li enfant vinrent
plorant, et par les mains se tinrent.
Li rois rueve qu'il aient pais
* trestot cil qui sont el palais.*
Flore et Blanceflor venu furent,
par devant l'amirail s'esturent.
Grans gens por aus assanlés virent ;
pleurent des iex, del cuer sospirent.
* De vivre seürté n'avoient*
et neporquant tant bel estoient
que lor tristor, par lor biauté,
resanle lune de clarté.
Paris de Troies n'Absalon,
* Parthonopex n'Ypomedon,*
ne Leda ne sa fille Elaine,
ne Antigone ne Ysmaine
en leece tant bel ne furent
com erent cil, qui morir durent.
* Flores li enfes fu molt biaus*
de son eage damoisiaus.

amb l'edat justa de quinze anys
era el més alt entre els companys.
2895 El cap just, rossa cabellera
ben llarga i preciosa que era;
front mesurat, molt resplendent
fent-lo l'home més bell vivent.
Celles brunes ben dibuixades,
2900 cap n'han estat tan perfilades.
Els ulls botits d'haver plorat,
ningú res més hagués mirat
d'haver-los tingut riallers,
no amb plors que ara hi feien recés.
2905 La faç recordava el solell
quan surt pel matí tot vermell.
Sota el nas, o boca, o mentó
cap pel, barba, bigoti, no.
Branilles per flancs, ferreny pit,
2910 blanc, flor de lis, rostre esculpit,
braços ferms, mans blanques com neu;
Mai no en veié cos com el seu,
crec jo, igual de semblant edat;
ni fort, valent, llest i acabat.
2915 Vesta porpra sense capot
duia cordada com qui pot.
Desfilava a frec de l'amiga;
triar-ne el més bell és fatiga.
També marxava tristament,
2920 expectant per llur jutjament.
Cara rodona amb dos terminis
clenxinada, el front, blanc d'erminis,
cella recta i ben perfilada;
a palau va ser escabellada
2925 i els seus ulls, ara ben lluents,
més que gemma eren resplendents,
i repetir-los no es podria.
Mes qui la mirés aquell dia,
pels ulls no hauria percebut,
2930 traient les llàgrimes, res brut.
De galtes rosades, pell fina,

Ses eages fu de .XV. ans
et neporquant assés fu grans.
Cief ot bien fait et crigne bloie,
 desi au braiel si baloie,
front par mesure, molt ert blans,
plus biax ne fu nus hom vivans.
Si surcil sont brun et petit,
onques nus hom plus bel ne vit.
 Si oel sont gros por le plorer ;
nus ne s'en peüst soëler
d'els esgarder s'il fussent liés,
mais del plorer sont empirié.
Sa face resanle soleus
 quant au matin apert vermeus.
Au nés n'a bouce n'a menton
n'avoit ne barbe ne grenon.
Grailles par flans et grans par pis,
la car blance com flors de lis,
bras ot cras, mains blances com nois.
Je ne cuit que voiés des mois
nisun plus bel de son eage,
plus fort, plus vaillant ne plus sage.
Reube porprine vestue ot,
 si fu laciés au mix qu'il pot.
Desfulés fu joste s'amie,
qui de biauté nel passoit mie.
Desfulee fu ensement
u ele atent son jugement.
 Cief a reont et blonde crine,
plus blanc le front que n'est hermine.
Greve avoit droite et bien menee.
El palais fu escavelee.
Suercils brunés, iex vairs rians,
 plus que gemme resplendissans.
Nul contrefaire nel porroit.
Çou ert avis qui l'esgardoit
que a ses iex n'aperceüst,
fors as larmes, que tristre fust.
 Sa face de color tres fine,

no és tan fi vidre de vitrina.
Els narius molt ben dibuixats,
com obra d'uns dits reputats.
2935 Dolça boca feta amb mesura,
cap d'igual n'ha fet la Natura.
Millor estatura de donzella
no hi ha, ni cap reina és més bella.
Els llavis petoners gruixuts
2940 enrogien en ser premuts.
Les dents petites, regulars
i blanques com l'argent o el quars.
De la boca en sortia alè
tan dolç per flairar un mes sencer;
2945 qui dilluns el sentís voldria
més setmanes com aquell dia!
El coll esvelt i la barbeta
fent conjunt amb la silueta:
la pell de tonalitat blanca
2950 com cap flor té a dalt la branca;
el seu cos era tant ben fet,
vencent-ne l'esbós de perfet;
malucs amples, baixa cada anca.
De cap mida en tenia manca.
2955 Mans blanques, branilles per dits,
de llargària ideal reunits.
Llur beutat prou esbalaïa
tothom que a la sala els rebia.

Ningú prou savi del moment
2960 de triar-ne un faria l'intent.
Cap cortesà no era felló,
de pietat aguantar el plor;
tal cosa els beneficiava
si la pena allà s'aplicava.
2965 No igual era el rei que d'irat
no en perdé guanyant pietat,
ans va fer llegir la sentència
davant dels reus i l'audiència.
A ciutat, en plaça planera,

plus clere que nen est verrine.
Et les narines ot bien faites,
com se fuissent as mains portraites.
Bouce bien faite par mesure,
 ainc ne fist plus bele Nature.
Miex faite estature pucele
nen a, ne roïne plus bele.
Les levres por baisier grossetes,
si les avoit un peu rougetes.
 Li dent sont petit et seré
et plus blanc d'argent esmeré.
De sa bouce ist si douce alaine
vivre en puet on une semaine ;
qui au lundi le sentiroit
 en la semaine mal n'aroit.
Le col a tel et le menton
com apartient a la façon.
La car avoit assés plus blance
que n'est nule flors sor la brance.
 Le cors a tel et si bien fait
que s'on l'eüst as mains portrait,
grailles les flans, basse le hance.
Molt li siet bien sa destre mance.
Blances mains et grailles les dois,
 lons par mesure, forment drois ;
n'a si sage home el pavement
qui sace eslire le plus gent.

De lor biauté tot s'esbahirent
quant u palais entrer les virent.
 N'a si felon home en la cort
qui de pitié por eus ne plort,
Molt volentiers dont trestornaissent
le jugement se il osassent.
Mais li rois fu si fort iriés
 que d'aus ne li prendoit pitiés.
Oiant aus les a fait jugier
et en aprés estroit loier.
En un plain enmi la cité,

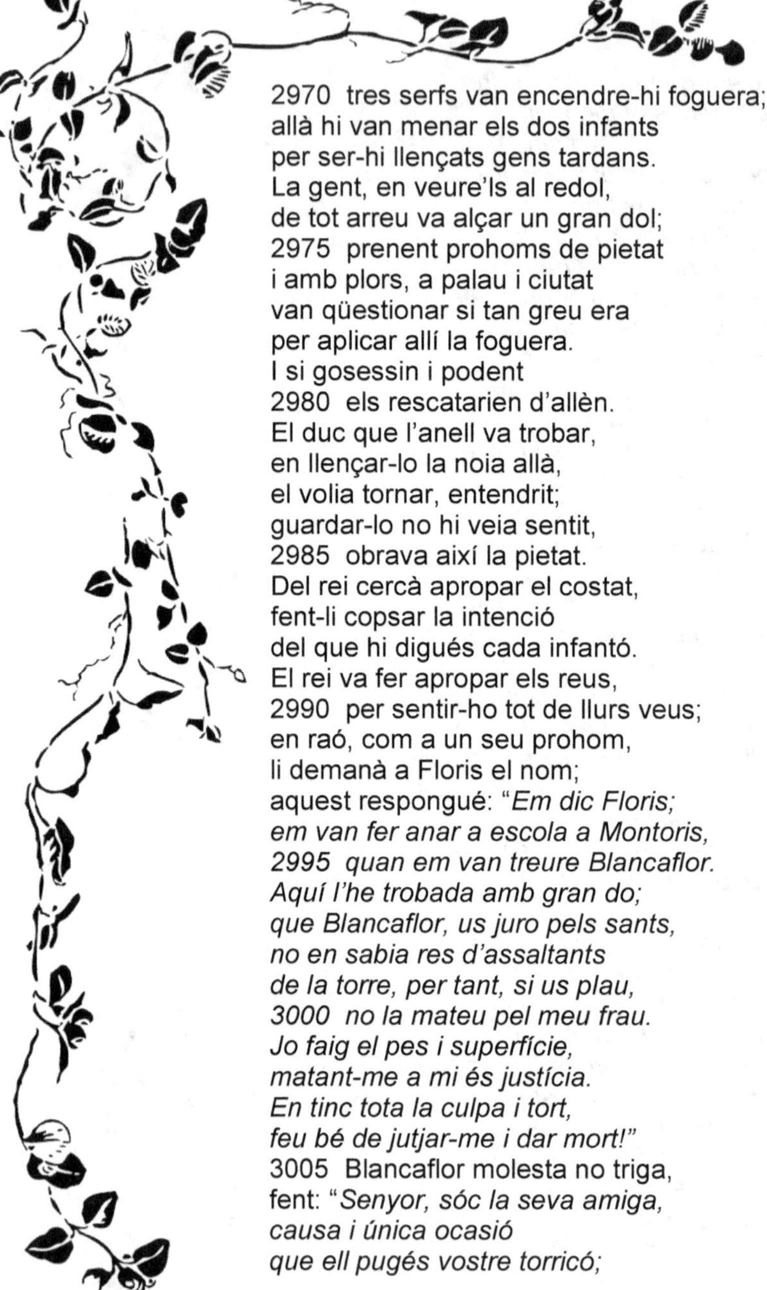

2970 tres serfs van encendre-hi foguera;
allà hi van menar els dos infants
per ser-hi llençats gens tardans.
La gent, en veure'ls al redol,
de tot arreu va alçar un gran dol;
2975 prenent prohoms de pietat
i amb plors, a palau i ciutat
van qüestionar si tan greu era
per aplicar allí la foguera.
I si gosessin i podent
2980 els rescatarien d'allèn.
El duc que l'anell va trobar,
en llençar-lo la noia allà,
el volia tornar, entendrit;
guardar-lo no hi veia sentit,
2985 obrava així la pietat.
Del rei cercà apropar el costat,
fent-li copsar la intenció
del que hi digués cada infantó.
El rei va fer apropar els reus,
2990 per sentir-ho tot de llurs veus;
en raó, com a un seu prohom,
li demanà a Floris el nom;
aquest respongué: *"Em dic Floris;*
em van fer anar a escola a Montoris,
2995 *quan em van treure Blancaflor.*
Aquí l'he trobada amb gran do;
que Blancaflor, us juro pels sants,
no en sabia res d'assaltants
de la torre, per tant, si us plau,
3000 *no la mateu pel meu frau.*
Jo faig el pes i superfície,
matant-me a mi és justícia.
En tinc tota la culpa i tort,
feu bé de jutjar-me i dar mort!"
3005 Blancaflor molesta no triga,
fent: *"Senyor, sóc la seva amiga,*
causa i única ocasió
que ell pugés vostre torricó;

la ont .III. serf espris un ré.
 Il les a fait andeus mener,
el fu les commande a jeter.
Quant li baron loier les virent,
de totes pars grant duel en firent ;
par grant pitié et par douçor
 pleurent el palais li pluisor,
et dient tot tant mal i furent
quant sifaitement morir durent.
Se il peüssent et osaissent,
de grant avoir les racataissent.
 Li dus qui lor anel trova
quant la pucele le jeta,
rendre lor va, molt fist que ber.
Onques nel vaut avant porter,
tant forment pleure de pitié.
 Envers le roi s'a aproismié.
Le dolousement qu'il oï
li a isnelement jehi.
Li rois les ra fait apeler
por çou quis veut oïr parler.
Andeus les a mis a raison ;
Flore demande com a non.
Cil li respont : « J'ai a non Floire.
 Aprendre ere alés a Montoire
quant Blanceflor me fu emblee.
Or l'ai en cest païs trovee.
Sor sains jurrai que Blanceflor
ne sot quant j'entrai en la tor ;
 et, se vos venoit a plaisir,
quant nel sot, n'en devroit morir.
Por moi et por li m'ociois,
saciés de fi que çou est drois.
Tote en ai le coupe et le tort,
 por moi est el jugie a mort. »
Blanceflor en est molt marie :
« Sire, fait el, je sui s'amie
et je sui par foi l'oquison
por coi il monta el doignon :

si cap Blancaflor hagués la torre
3010 ni el veuríeu ara concórrer.
Per mi vol patir dolor i llei.
Just ve d'Espanya, és fill de rei;
per dret cal que visqui i jo morir;
senyor el més correcte és així!"
3015 Floris es dol: "*No li feu cas,*
emir, més vida no em cal pas!"
Però aquest diu: "*Moriu tots dos!*
I sens falta, no cal fer endós;
vegeu: jo amb la mà us mataré
3020 i els caps prendré, sens delegar."
I l'espasa nua va prendre,
quan Blancaflor va defendre
Floris, qui ja davant seu era.
"*No moriràs pas la primera.*
3025 Home sóc i no haig de patir
veient-te davant meu morir."
Va aclucar els ulls i estendre el coll;
Blancaflor li palpà el palmell moll.
"*T'equivoques!*" I anà al davant,
3030 tot prement-li la mà i plorant.
Que llurs morts hom pogués cometre
l'anell no ho podia permetre.
I començà una pietat
a escampar-se en comunitat;
3035 en prohoms, que ho miraven tot,
prenien plors rere el sanglot;
com aquell, en cap jutjament,
tant arrelà el compadiment;
potser el rei, d'aquest sopluig,
3040 es compadí, tot i l'enuig,
o de veure els dos competir
qui primer havia de morir;
o veure'ls tristament plorar;
o tot plegat en ell obrà.
3045 Quan veié Blancaflor en la rasa
del seu cop li caigué l'espasa.
I la cort, que el veié actuar,

se il n'i seüst Blanceflor,
ja ne montast en vostre tor.
Grans dolors ert s'il muert por moi.
Il est d'Espaigne, fius de roi.
Par droit doit vivre et jou morir,
 sire, s'il vos vient a plaisir. »
Flores li dist : « Nel creés mie !
Ociés moi, laissiés m'amie ! »
Il lor dist : « Ambedoi morrés
sans demorer, ja n'i faurés.
 Jou meïsmes vos ocirrai
et de vos .II. les ciés prendrai. »
S'espee tote nue a prise.
Blanceflor saut, avant s'est mise,
et Flores le reboute arriere :
 « N'i morrés pas, fait il, premiere.
Hom sui, si ne doi pas soffrir
que devant moi doiés morir. »
Devant se met, le col estent.
Blanceflor par le main le prent :
 « Grant tort avés ! » Met soi avant,
son col estent tot en plorant.
Cascuns voloit avant morir
et l'anel ne pooit soffrir.
Tot cil grant pitié en avoient
 qui tel duel faire lor veoient.
Li baron qui les esgardoient
par la sale molt en ploroient.
Ja n'ert mais fais nus jugemens
dont aient pitié tant de gens.
 Lors en ot li rois grant pitié,
ja soit çou k'ait le cuer irié,
que cascun valt avant salir
por çou que primes veut morir,
et voit tant tristement plorer :
 de pitié nes pot apeler.
Quant Blanceflor a esgardee
de la pitié li ciet l'espee.
Cil qui le voient en sont lié,

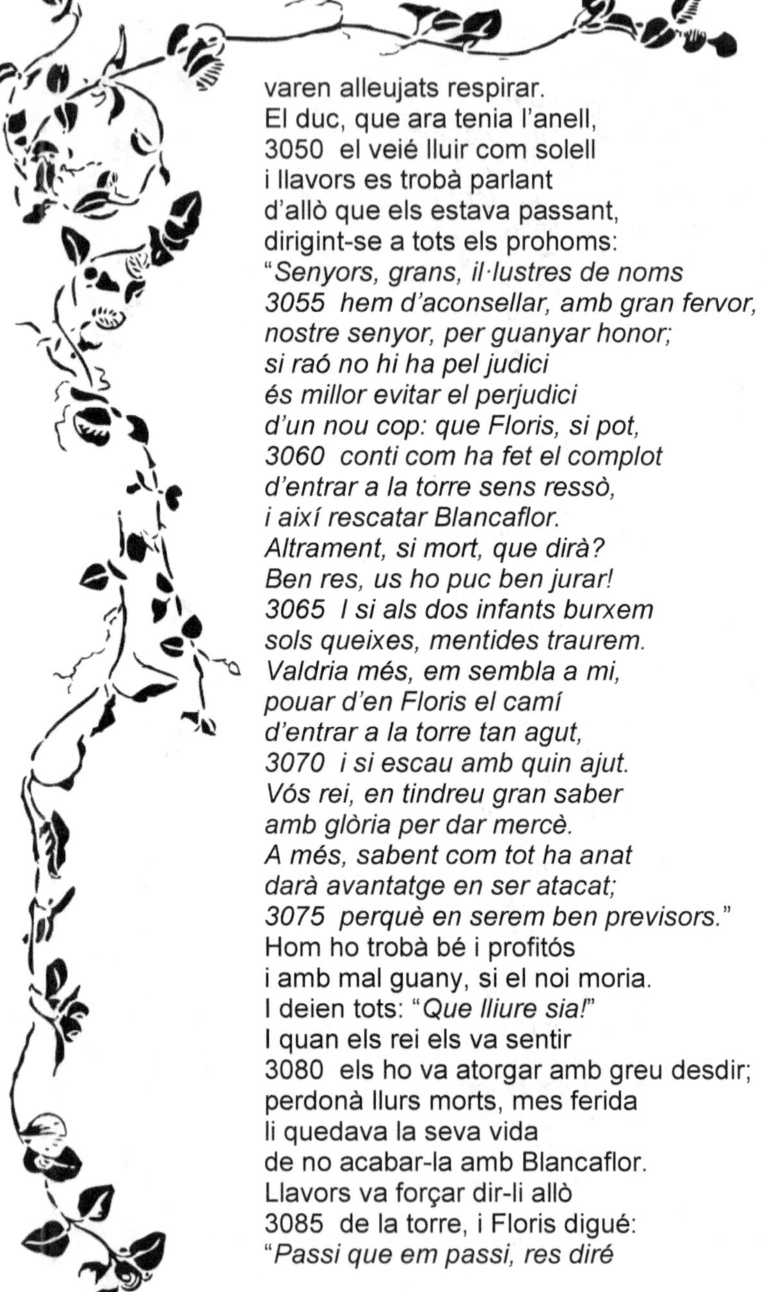

varen alleujats respirar.
El duc, que ara tenia l'anell,
3050 el veié lluir com solell
i llavors es trobà parlant
d'allò que els estava passant,
dirigint-se a tots els prohoms:
"Senyors, grans, il·lustres de noms
3055 *hem d'aconsellar, amb gran fervor,*
nostre senyor, per guanyar honor;
si raó no hi ha pel judici
és millor evitar el perjudici
d'un nou cop: que Floris, si pot,
3060 *conti com ha fet el complot*
d'entrar a la torre sens ressò,
i així rescatar Blancaflor.
Altrament, si mort, que dirà?
Ben res, us ho puc ben jurar!
3065 *I si als dos infants burxem*
sols queixes, mentides traurem.
Valdria més, em sembla a mi,
pouar d'en Floris el camí
d'entrar a la torre tan agut,
3070 *i si escau amb quin ajut.*
Vós rei, en tindreu gran saber
amb glòria per dar mercè.
A més, sabent com tot ha anat
darà avantatge en ser atacat;
3075 *perquè en serem ben previsors."*
Hom ho trobà bé i profitós
i amb mal guany, si el noi moria.
I deien tots: *"Que lliure sia!"*
I quan els rei els va sentir
3080 els ho va atorgar amb greu desdir;
perdonà llurs morts, mes ferida
li quedava la seva vida
de no acabar-la amb Blancaflor.
Llavors va forçar dir-li allò
3085 de la torre, i Floris digué:
"Passi que em passi, res diré

pleurent de joie et de pitié.
 Et li dus qui trova l'anel
l'a esgardé ; molt li fu bel.
Or voit que lius est de parler.
Molt se paine d'els delivrer.
Dont en apele les barons :
 « Signor, fait il, bien deverions
tot consillier a no signor
de cest plait qu'il fust a s'onor.
Mais de çou qui lor est jugié
me sire ait merci et pitié,
 mais que Flores nel çoile mie
que tot son engien ne li die,
comment il entra en la tor
et com il conquist Blanceflor.
Et que dira on s'il l'ocit ?
 N'est pas grant los, si com je cuit !
Se il les .II. enfans afole,
molt en istra male parole.
Molt vauroit mix, si com j'espoir,
trestot l'engien Flore a savoir
 et confaitement il entra
en la tor, et qui l'i aida.
Li rois molt grant pris en aroit,
ce m'est avis, et mix seroit.
Et quant il l'engien en saroit,
 contregarder mix s'en porroit.
Ensi fera il s'il est sages. »
Tot dient ce seroit damages
se il tex enfans ocioit :
« Laist les aler, se il nos croit ! »
 Et quant li rois lor los en a,
bel l'en fu, si lor otria
pardon de mort, mais voir en die,
si ciere com il a sa vie
et la vie de Blanceflor,
 comment il entra en la tor.
Flores respont : « Voir n'en diroie,
por nul destroit k'avoir en doie,

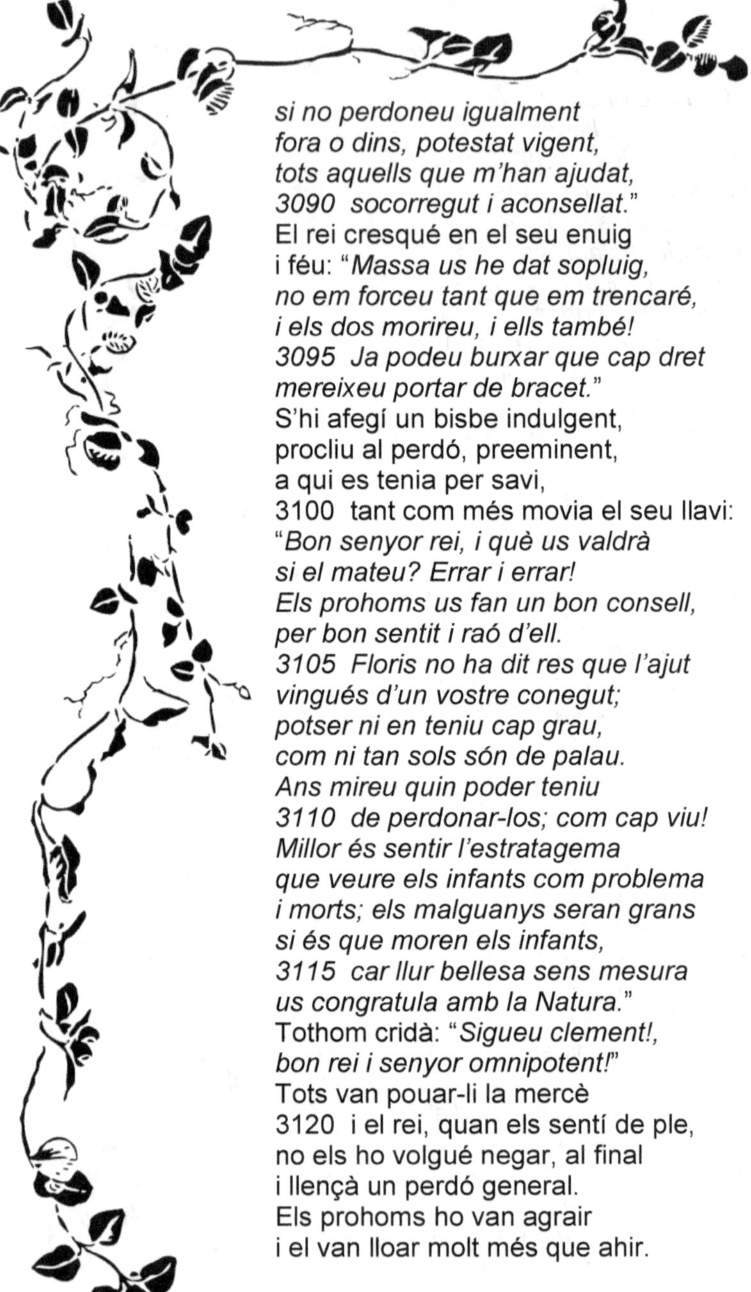

si no perdoneu igualment
fora o dins, potestat vigent,
tots aquells que m'han ajudat,
3090 socorregut i aconsellat."
El rei cresqué en el seu enuig
i féu: "Massa us he dat sopluig,
no em forceu tant que em trencaré,
i els dos morireu, i ells també!
3095 Ja podeu burxar que cap dret
mereixeu portar de bracet."
S'hi afegí un bisbe indulgent,
procliu al perdó, preeminent,
a qui es tenia per savi,
3100 tant com més movia el seu llavi:
"Bon senyor rei, i què us valdrà
si el mateu? Errar i errar!
Els prohoms us fan un bon consell,
per bon sentit i raó d'ell.
3105 Floris no ha dit res que l'ajut
vingués d'un vostre conegut;
potser ni en teniu cap grau,
com ni tan sols són de palau.
Ans mireu quin poder teniu
3110 de perdonar-los; com cap viu!
Millor és sentir l'estratagema
que veure els infants com problema
i morts; els malguanys seran grans
si és que moren els infants,
3115 car llur bellesa sens mesura
us congratula amb la Natura."
Tothom cridà: "Sigueu clement!,
bon rei i senyor omnipotent!"
Tots van pouar-li la mercè
3120 i el rei, quan els sentí de ple,
no els ho volgué negar, al final
i llençà un perdó general.
Els prohoms ho van agrair
i el van lloar molt més que ahir.

se ensement ne pardonés,
se sor aus poësté avés,
 a tos ceus qui m'i ont aidié
et secourut et consillié. »
Li rois s'en est molt coreciés
et dist : « Ja nen iert otroiés
li plais que vos me requerés.
 Certes andoi ançois morrés.
Ja tant n'ere entrepris de plais
que cis otrois vos soit ja fais. »
Dont saut uns evesques sor piés,
qui del pardon estoit molt liés,
 que on tenoit a forment sage,
si parla oiant le barnage :
« Biaus sire rois, et çou que vaut
se tu l'ocis ? A lui n'en caut !
Fai çou que loent ti baron,
 vis m'est que c'est sens et raison.
Flores li enfes ne dist mie
que il soient de ta baillie ;
puet estre gré ne t'en saront
car de ta poësté ne sont.
 Mais çou que tu pués pardoner
lor pardone, si fais que ber.
Miex vaut molt l'engien a oïr
que les enfans veoir morir,
car damages seroit molt grant
s'ensi moroient li enfant,
car de lor biauté n'est mesure.
Plus biax ne fist onques Nature. »
Tot escrient : « Boin est a faire !
Otroie lor, roi deboinaire ! »
 Ensi prient trestot merci ;
et quant li rois les a oï,
nes vaut pas contredire tous,
pardone lor, si fait que prous.
Tot li baron l'en mercïerent
 et de cel fait molt le loerent.

3125 Un cop amb més tranquil·litat
Floris començà el seu relat,
amb veu alta, perquè la cort
el sentís prou, fins el més sord.
Començà com tots, pel bateig,
3130 com van créixer junts; el festeig
estimant-la, i a la contrada
mateix, com li fou manllevada;
va fer un dol encomanadís
contant com vingué a llur país
3135 fent encalç de na Blancaflor,
per terra i per mar, pel ressò
quan sabé que era a Babilònia;
dels seus hostes, de la falòrnia,
de com un el va aconsellar
3140 i com al burot va enganyar,
de com el van dur dins del cove
(tots van quedar atrets per la nova;
i aquí, i tot, fins el rei rigué);
després com fou fet presoner,
3145 torre amunt, sens escapatòria,
havent-lo confós amb la Glòria,
que tot ho va precipitar
quan l'emir el va trobar allà.
Ho contà tot, sens deixar res
3150 i s'inclina al rei, tot cortès,
als seus peus, clamant, sens fer figa
que li tornés la seva amiga;
car si perdia l'escollida
més valia mort que no vida.
3155 El rei prenent, dits aquests mots,
la mà de Floris, davant tots
va fer un gest de gran noblesa;
tenint la de Blancaflor presa,
sens la de Floris deixar en vista,
3160 revelà, de forma imprevista:
"Floris jo us torno vostra amiga"
L'altre, agraït, de poc féu figa;
finalment, ambdós els seus peus

Molt s'en sont fait li enfant lié.
Flores son conte a commencié
assés haut, que cil de la cort
l'oïrent tot et mu et sort,
 et dist comment il a erré
des icel jor que il fu né,
com il l'ama en sa contree,
confaitement li fu emblee.
Le duel qu'il fist lor a conté,
 com il issi de son regné
por Blanceflor s'amie querre,
son oirre par mer et par terre,
et com en Babiloine vint,
et com ses ostes cier le tint,
 et comment il le consilla,
et comment l'uissier engigna,
com fu portés en la corbeille
(lors tinrent tot a grant merveille ;
li rois meïsmes en a ris),
 aprés, com il fu entrepris
dedens la tor et abaubis
quant il fu presentés Gloris,
a et com il fu desi que la
b que li amiraus les trova.
Tot a conté, sa raison fine
et humlement le roi encline,
 as piés li ciet, merci li crie
por Diu qu'il li renge s'amie,
car se il pert sa druerie,
dont veut miex la mort que la vie.
Et li rois a fait molt que prous,
Flore a le main prist voiant tous
et aprés a fait grant francise,
par le main a Blanceflor prise
et Flore par le main reprent.
Aprés a parlé frankement :
 « Je vos rent, fait il, vostre amie. »
Flores molt forment l'en mercie.
Andoi li sont keü as piés,

reials van besar callant veus
3165 amb gran joia. El rei els va alçar
i a Floris cavaller ordenà,
i li donà les millors armes,
per fer-li honor i callar alarmes.
L'adobà el rei cavaller en si,
3170 personalment en monestir,
el jorn que el va casar amb l'amiga.
Després a Glòria, l'amiga
de Blancaflor, seguint l'exhort
d'aquesta, el rei prengué com consort;
3175 i encara Blancaflor pregà,
perquè Glòria l'endemà,
i passat l'any, no fos matada
ans per sempre més respectada.
Floris, igualment, li insistí,
3180 i Blancaflor li ho va agrair.
L'emir s'avingué de seguida,
de fet l'hagué tota la vida.
Glòria en fou reconeixent,
i a Blancaflor evidentment,
3185 quan cent vegades la besà.
L'emir li va prendre la mà
i l'ungí amb corona d'or
com reina consort i de cor,
a la gent del saló mostrada,
3190 convenientment coronada.
Cada habitant de la ciutat
fou a la festa convidat.

Van ser unes festes molt lluïdes,
boniques, luxoses, sentides.
3195 S'hi van veure ossos i lleons,
joglars cantant joia en cançons;
tota mena d'instruments fins
van sonar per fora i per dins.
Van gaudir de molta alegria
3200 a la festa igual cada dia.
No durà pobre cap joglar:

a grant joie li ont baisiés.
Li rois les a fait redrecier,
 Flore veut faire chevalier.
Des millors armes que il ot
le conrea au miex qu'il pot.
Li rois, quant l'ot fait chevalier,
mener les fait a un mostier,
 s'amie li fait espouser.
Aprés fait Gloris demander.
Par le consel de Blanceflor
l'a prise li rois a oissor ;
mais Blanceflor molt li pria,
 quant Gloris eüe avera
tot l'an, por Diu que ne l'ocie,
ains le tiegne tote sa vie.
Et Flores ausi l'em pria ;
Blanceflor molt grant joie en a.
 Et li amirals lor otrie
qu'il le tenra tote sa vie.
Gloris molt grant joie en a fait,
vers Blanceflor adont se trait,
.C. fois le baise doucement.
 L'amirals par le main le prent,
corone d'or li fait porter
et comme s'oissor honerer.
Quant par la sale fu moustree,
devant sa gent l'a coronee.
 Tot li baron de la cité
a la feste sont assanlé.

Cele feste fu molt joïe,
et bele et boine et molt jolie.
Lyons i betent et grans ours,
 grant joie i a de jougleours ;
totes manieres d'estrumens
i sonent dehors et dedens.
Molt grant joie i ont demené
cil qui a la feste ont esté.
 N'i ot si povre jougleour

.

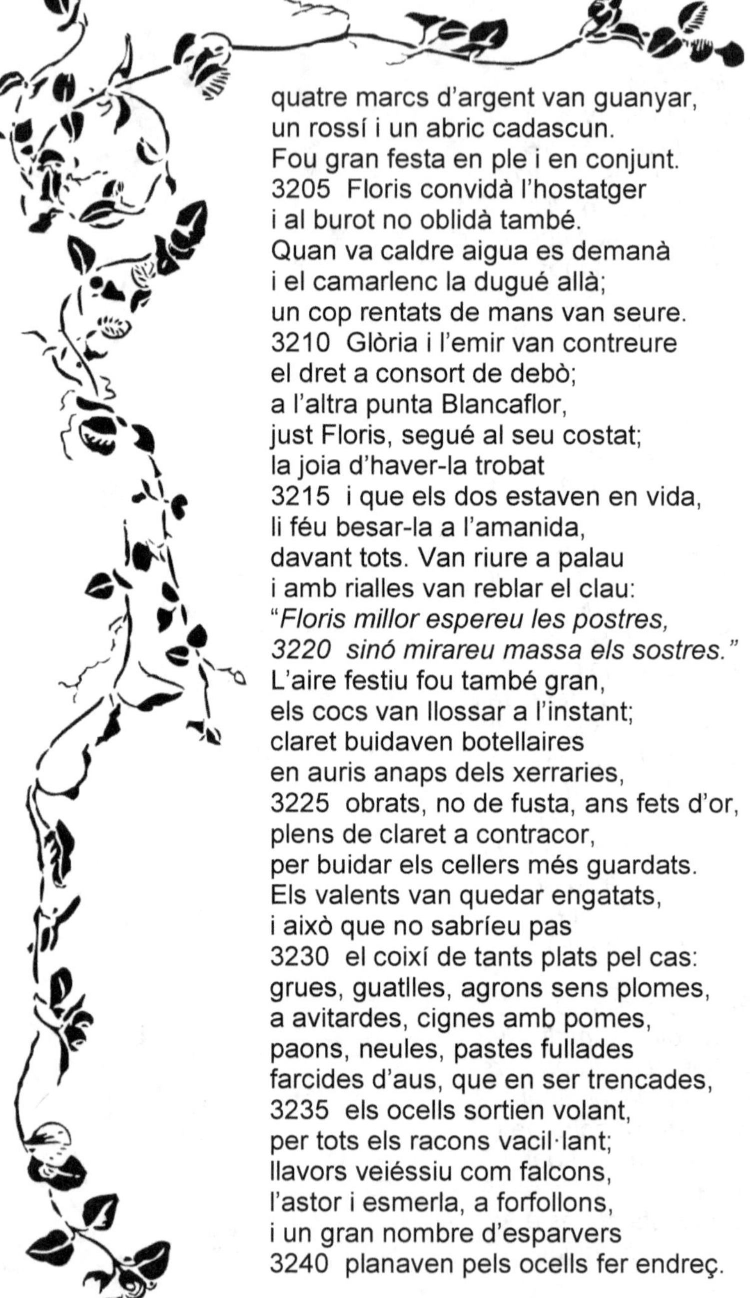

quatre marcs d'argent van guanyar,
un rossí i un abric cadascun.
Fou gran festa en ple i en conjunt.
3205 Floris convidà l'hostatger
i al burot no oblidà també.
Quan va caldre aigua es demanà
i el camarlenc la dugué allà;
un cop rentats de mans van seure.
3210 Glòria i l'emir van contreure
el dret a consort de debò;
a l'altra punta Blancaflor,
just Floris, segué al seu costat;
la joia d'haver-la trobat
3215 i que els dos estaven en vida,
li féu besar-la a l'amanida,
davant tots. Van riure a palau
i amb rialles van reblar el clau:
"Floris millor espereu les postres,
3220 sinó mirareu massa els sostres."
L'aire festiu fou també gran,
els cocs van llossar a l'instant;
claret buidaven botellaires
en auris anaps dels xerraries,
3225 obrats, no de fusta, ans fets d'or,
plens de claret a contracor,
per buidar els cellers més guardats.
Els valents van quedar engatats,
i això que no sabríeu pas
3230 el coixí de tants plats pel cas:
grues, guatlles, agrons sens plomes,
a avitardes, cignes amb pomes,
paons, neules, pastes fullades
farcides d'aus, que en ser trencades,
3235 els ocells sortien volant,
per tots els racons vacil·lant;
llavors veiéssiu com falcons,
l'astor i esmerla, a forfollons,
i un gran nombre d'esparvers
3240 planaven pels ocells fer endreç.

IIII. mars d'argent n'ait le jour
et boin ronci et un mantel.
Tot s'envoisent et bien et bel.
Flores son boin oste manda
 et le portier pas n'oublia.
Atant fu l'aige demandee ;
li cambrelens l'a aportee.
Quant lavé ont, si sont assis.
Li amirals assiet Gloris
 dejouste soi comme s'oissor,
d'autre part assiet Blanceflor.
Flores s'assiet joste sa drue ;
tel joie en a quant l'a reüe,
por estre ocis dont nel laissast
 que voiant tous ne le baisaist.
Par le palais auquant s'en rient
et en riant içou li dient :
« Flores, a cel més vos tenés !
Bien vos fera se vos l'amés ! »
 La ot feste joieuse et grant ;
bien i servoient li serjant.
Claré portent li boutillier,
n'i ot hanap ne fust d'or mier ;
en boins hanas ovrés d'or fin
 aportoient claré et vin
et espandent par le maison.
Trestot s'enyvrent li garçon.
Ne saveriés més porpenser
que la ne veïssiés porter,
 grues et gantes et hairons,
bistardes, cisnes et paons,
niules, oublees, gibelés
et pastés de vis oiselés ;
et quant il ces pastés brisoient,
 li oiselet partot voloient ;
adont veïssiés vos faucons
et ostoirs et esmerillons
et molt grant plenté de mouskés
voler aprés les oiselés.

Oh, i sentíssiu els instruments
fent llurs sonors encantaments!
Convidaven tot a gaudir
d'aquella festa sense fi.

3245 Però entraren deu cavallers
portant a Floris uns papers.
Davant l'emir es van plantar
i a ell i Floris van saludar.
Van dir que havia mort son pare,
3250 i àdhuc del dol la seva mare.
Van clamar. "*Un grapat de valents,
per aplanar-vos accidents,
us escortarem fins la terra;
ella us reclama, son cor no s'erra.*"
3255 Floris pensà en la seva mare,
per passar sola el dol del pare:
"*Emir, savis i ardits guerrers,
convidats tots i missatgers,
- començà- és clos! Molt bon dolç pare,
3260 i vós, dolça estimada mare,
que tant de mal em vau fornir
pel consell que al pare vau dir,
sabent que a mi m'obria el plor,
que a marxants vengués Blancaflor;
3265 tot i que el pare s'inclinava
ja per matar-la, amb ira brava,
entestat amb gasiveria
que per Blancaflor jo em perdria;
sabíeu que em fóra un trasbals,
3270 que no en viuria, fent-ne encalç!
Mare em vau dar un anell, és cert!
I em vau posar en camí incert,
sabent que jo la trobaria;
pel vostre anell que em féu de guia!
3275 Mai cap mare no en donarà
altre a un fill, d'una amor ençà.
Déu doni mercès al meu pare
i a la reina, la meva mare!*"

La oïssiés les estrumens,
vïeles et encantemens.
Molt demenoient grant baudor
a ceste feste li pluisor.

Atant es vos .X. chevaliers
 qui aportent a Flore briés.
Devant l'amirail s'aresterent
et lui et Flore saluerent.
De son pere noncent la mort
et de sa mere le duel fort :
 « Sire, font il, de par tes homes
les plus vaillans ci venu somes,
que en vostre terre venés.
Tote est en pais, tres bien l'avrés. »
Quant Flores ot qu'est mors ses pere,
 grant duel en fist, et de sa mere :
« Sages hom et hardis gerriers
et biax et larges vivendiers,
ahi ! fait il, biax tres dous pere,
et vos, bele tres douce mere,
 qui si malement m'atornastes
quant mon pere consel donastes !
Vos li loastes par amor
que vendist bele Blanceflor,
que mes peres voloit ocirre
 par mautalent et par grant ire,
et por içou que il cuidoit
que por Blanceflor me perdoit.
Vos saviés bien que je morroie
et que sans li pas ne vivroie !
 Vostre boin anel me donastes
quant vos querre le m'envoiastes ;
vos saviés que je la verroie
por vostre anel que je portoie !
Ja mais mere tel ne donra
 a son fil, tant ne l'amera.
Diex face merci a mon pere
et a la roïne ma mere ! »

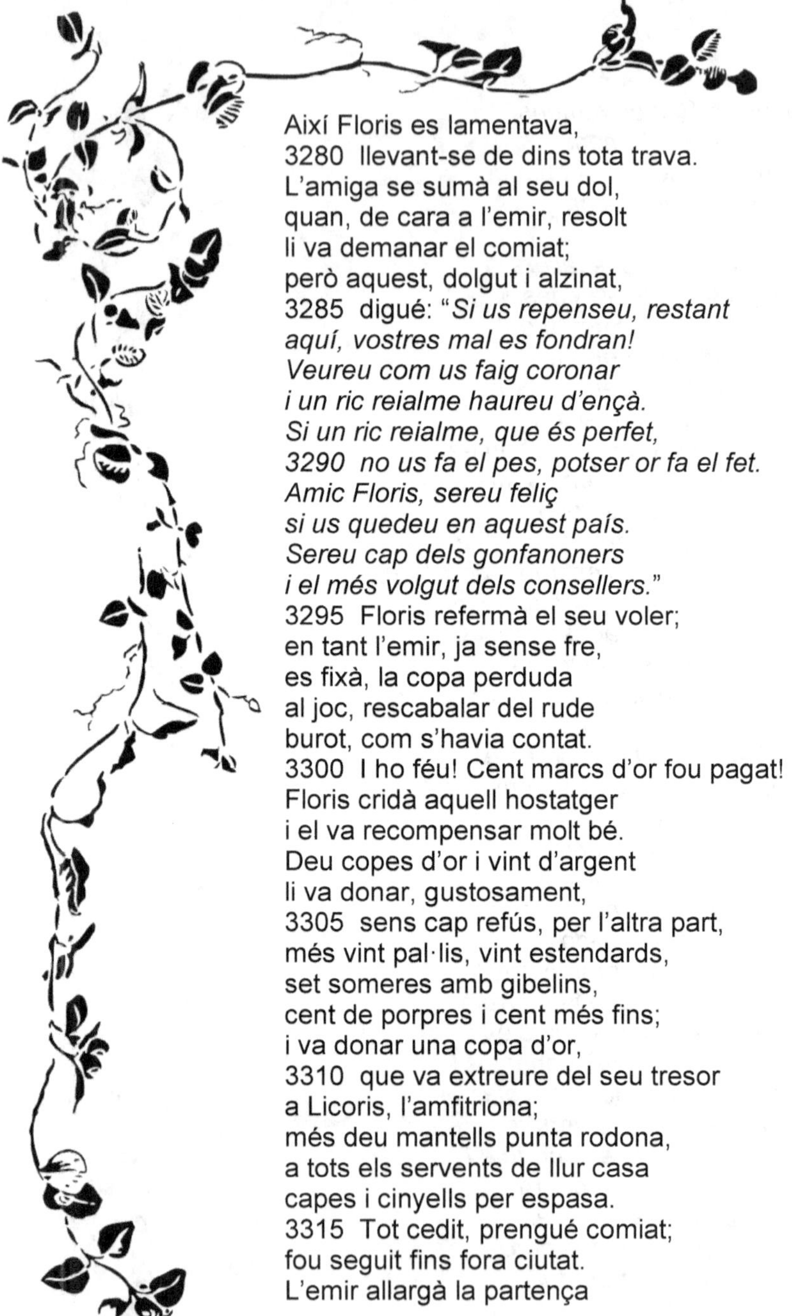

Així Floris es lamentava,
3280 llevant-se de dins tota trava.
L'amiga se sumà al seu dol,
quan, de cara a l'emir, resolt
li va demanar el comiat;
però aquest, dolgut i alzinat,
3285 digué: "*Si us repenseu, restant*
aquí, vostres mal es fondran!
Veureu com us faig coronar
i un ric reialme haureu d'ençà.
Si un ric reialme, que és perfet,
3290 *no us fa el pes, potser or fa el fet.*
Amic Floris, sereu feliç
si us quedeu en aquest país.
Sereu cap dels gonfanoners
i el més volgut dels consellers."
3295 Floris refermà el seu voler;
en tant l'emir, ja sense fre,
es fixà, la copa perduda
al joc, rescabalar del rude
burot, com s'havia contat.
3300 I ho féu! Cent marcs d'or fou pagat!
Floris cridà aquell hostatger
i el va recompensar molt bé.
Deu copes d'or i vint d'argent
li va donar, gustosament,
3305 sens cap refús, per l'altra part,
més vint pal·lis, vint estendards,
set someres amb gibelins,
cent de porpres i cent més fins;
i va donar una copa d'or,
3310 que va extreure del seu tresor
a Licoris, l'amfitriona;
més deu mantells punta rodona,
a tots els servents de llur casa
capes i cinyells per espasa.
3315 Tot cedit, prengué comiat;
fou seguit fins fora ciutat.
L'emir allargà la partença

Flores ensi se dementoit,
molt doucement le regretoit.
 Il et s'amie grant duel font.
Vers l'amirail regardé ont,
boinement li ruevent congié,
et il en a son cuer irié
et dist : « Se volés remanoir,
 vos arés bien vostre voloir.
Je vos feroie coroner
et riche roiame doner.
Riche roiame vos donroie
et d'or fin vos coroneroie.
 Ahi ! dist il, Flores amis,
car remanés en cest païs !
Vos serés mes confanoniers
et mes plus privés consilliers. »
Flores dist pas ne remanroit,
 mais l'amirail du sien donroit,
sa ciere coupe k'aporta,
et dist qu'il le racatera,
qu'il l'avoit au portier donee.
De .C. mars d'or l'a racatee.
 Flores a son oste apelé,
molt grant avoir li a doné.
.X. coupes d'or et .XX. d'argent
 li fait doner joieusement,
que nul contredit n'i a mis,
 et .XX. pailes et .XX. samis
et .VII. somiers de sebelins,
.C. porpres et .C. osterins ;
et une riche coupe d'or
qu'il aporta de son tresor
 done a s'ostesse Licoris,
et .X. mantiaus que vairs que gris.
Cascun de ceus de la maison
dona u paile u siglaton.
Molt boinement a pris congié
 et il l'ont trestout convoié,
et l'amirals le convoia,

i el besà fins que es deixà vèncer.
L'infant Floris marxava a gust
3320 molt ric, que li treia el regust
dels adéus i els petons donats.
Nostra Senyora encomanats
els saludà de lluny a tots
que encara arrancà alguns sanglots.
3325 De fet Floris marxà endavant
una hora trist, l'altra pensant.
Dolgut doblement, pel seu pare,
que era mort, i la seva mare;
però amb tot, de joia s'omplia
3330 perquè Blancaflor ja tenia.
Ja m'heu sentit com la perdé,
i volgué tant que l'obtingué.
On va Floris l'amiga mena;
després d'errar molt, amb prou pena
3335 van tornar junts al seu país
que els va rebre amb aire feliç.
Molts van venir a llur encontre,
amb joia i goig i cap en contra.
La mare de Blancaflor
3340 l'abraçà amb joia i algun plor,
de veure-la, d'ençà captiva
i en terra llunya, ara ja viva.
Floris era al país antic,
on hi tenia cada amic;
3345 la seva corona van dur
presa per la flor d'or, segur.

Floris, que es cristianitzà
primer, després va coronar
Blancaflor, complaent l'amiga,
3350 cristianitzat la vida abriga.
De tres arquebisbes, com rei,
sentí la cristiana llei;
la corona li van senyar,
santificar i es batejà.
3355 Un cop va cristianitzar-se

au departir molt le baisa.
Li enfes Flores s'en revait,
molt riche convoi li ont fait,
molt l'ont baisié et acolé
et a Damlediu commandé.
Et il les a salués tous
com cil qui ert sages et prous.
Flores s'en va liés et dolans,
 une eure liés, l'autre pensans.
Forment li poise de son pere
que il est mors, et de sa mere.
De l'autre part joie mena
de Blanceflor que o soi a.
 Oï avés com ert perdue :
tant le quist que Diex l'a rendue.
Flores s'en va, s'amie en maine.
Tant a erré a quelque paine
qu'en son païs est revenus
 et a grant joie receüs.
Tot li baron contre lui vinrent,
a l'encontre grant joie firent.
Et la mere de Blanceflor
mena grant joie a icel jor,
 car remese ert escaitivee,
dolante, en estrainge contree.
Or est Flores en son païs
a grant joie entre ses amis.
Sa corone li aporterent,
 par la flor d'or li presenterent.

Flores se fait crestïener
et aprés a roi coroner.
Por Blanceflor, la soie amie,
mena puis crestiiene vie.
 .III. archevesques ot o soi
 qui sont de crestiiene loi.
Sa corone li presignierent
et saintement le baptisierent.
Quant il se fu crestiienés,

va fer alçar els prohoms, en comparsa,
i els pregà, per la bona amor,
de creure en déu, nostre senyor,
així com amb santa Maria;
3360 no el van deixar, digui qui sia,
i tots van prendre amb gran purisme,
per amor de déu, el baptisme.
Molts van ser aquell dia els prohoms
que van batejar-se amb nous noms;
3365 sapigueu que pocs van restar,
per molt que els senyor els ho pregà.
Batejar la gent vilatana
va durar ben bé una setmana.
Qui del baptisme se'n desdeia,
3370 o el refús de creure en déu feia,
en Floris el feia escorxar,
o cremar o el feia estripar.
Un cop el regne fou de déu
Floris pensà en el seu relleu.
3375 Un duc tenia ullat, valent,
el més fidel i el més potent,
li donà, per ric i amb ressò,
a la mare de Blancaflor.
Doncs sortosa en fou, val a dir!
3380 La Fortuna l'afavorí!
La Fortuna que avall de tot
la tenia, l'alçà a vaitot,
tenint la filla coronada
va ser duquessa anomenada,
3385 i agraí la mare de déu
d'aquest favor en honor seu.

Closa així de Floris la història
que déu ens vulgui en sa glòria.

Fineix Floris i Blancaflor.

Fl.-

tos ses barons a apelés,
si lor prie par boine amor
qu'il croient Diu Nostre Signor
et croient en sainte Marie,
nel laissent pas, coi que nus die,
 et si prengent hasteement
por l'amor Diu baptisement.
Trestot si baron li pluisor
se baptisierent a cel jor ;
saciés que peu en demora,
 por lor signor qui lor pria.
A baptisier la gent vilaine
dura bien plus d'une semaine.
Qui le baptesme refusoit
ne en Diu croire ne voloit,
 Flores les faisoit escorcier,
ardoir en fu u detrencier.
Quant cel regne ot a Diu torné,
Flores a un duc esgardé,
le plus fort et le plus vaillant,
 le plus preu et le plus poissant ;
au plus rice duc de s'onor
dona la mere Blanceflor.
Estes le vos bone eüree ;
molt l'a Fortune relevee !
 Fortune qui l'ot mise jus
tost le ra relevee sus,
quant sa fille voit coronee,
ele rest ducoise apelee.
A Damlediu grasses en rent
 et sel mercie doucement.

Chi fenist li contes de Floire.
Diex nos mece tos en sa gloire !

Chi fine de Floire et de Blanceflor.

Títol original: Floire et Blancheflor
Traducció: Enric Peres i Sunyer
Maquetació i dibuix de la portada:

ISBN: 978-84-09-60728-0

Dipòsit Legal: GI 541-2024

Editat per: Peres i Sunyer, Enric
PORTBOU
Edició 2024 ID: 5